「教師を辞めようかな」と思ったら読む本

新井肇　著

はじめに―教壇を去る教師たち―

最近、新聞や雑誌で、「学校が危ない」「燃え尽きる教師たち」「先生が辞めていく」など、学校危機や教師の心の変調に関する記事が、以前にも増して目につくようになりました。実際、定年を待たずに辞めていく教師も少なくありません。しかし、教壇を去る無念さとともに、「むしろ、辞めることができてホッとしている」と、安堵の気持ちが語られることもあります。また、熱心に頑張っている現職の教師から、「自分の子どもに、教師という仕事を勧める気はない」と言われ、意外な思いにとらわれたこともあります。

いじめ・不登校・暴力・児童虐待・ネット犯罪・性非行・薬物乱用・自殺など、子どもの問題行動の多様化・深刻化に伴い、教師を取り巻く状況は、ますます困難なものとなっています。行政サイドからの管理強化や成果主義の導入、教師バッシングともいえるマスコミの圧力、保護者・地域からの過大な要求などの存在も、困難の度合いを一層強める要因となっているのではないでしょうか。多岐にわたる子どもの問題や各方面からの要請に対して、すべてに妥当する答えなど見いだせぬまま、しかし何らかの具体的応答をそれぞれに向けて発しなければならないという綱渡りのなかで、日々の教育活動を続けているというのが学校現場の実情です。

「雑務に忙殺され、子どもとじっくり向き合う時間がとれない」「年齢構成の偏りが大きく、生徒指導での共通理解が図れない」「価値観が急激に変化するなかで、子どもや保護者にうまく話が通じない」等々の声は、至るところから聞こえてきます。教育が大きく揺れるなかで、若手も、中堅も、ベテランも、多くの教師が疲れ果てているのは大きな問題です。

教師にとっての職場である学校が、仕事に託する意味や希望から遠く隔たり、互いの夢を語る場でなくなったときに、「教師を辞めたい」という気持ちが起こってくるのではないでしょうか。残念ながら、夢や希望を語り合うことが難しい危機的状況に陥っている学校は、少なくないように思われます。

今日の学校現場にあって、多くの教師たちが、自分の夢と現実との間にどのような違和感を抱いているのか、「辞めたい」と思うまでに追いつめられるのはどうしてなのか、また、そのような危機をどのようにして乗り越えていくことができるのか、ということについて、教師自身の語り（事例）をもとに明らかにしていくことが、本書のめざすところです。

教師や教育関係者、教職を志す学生は勿論のこと、保護者をはじめ、教育に関心をもつ多くの方々にお読みいただき、学校現場で苦悩する教師が、一人でも多く元気に働ける状況をつくり出すために、本書が役立てられることを願っています。

新井　肇

目次

第2章 教師はどんなときに「辞めたい」と思うのか

第3章 「辞めたい」状況から抜け出るには

第4章 「辞めたい」と思う状況になる前に
―日頃の教師生活から気をつけておきたいポイント―

第1章

悩んでいるのはあなただけじゃない

教育職員の精神疾患による休職者数等の推移（平成12年度～平成26年度）

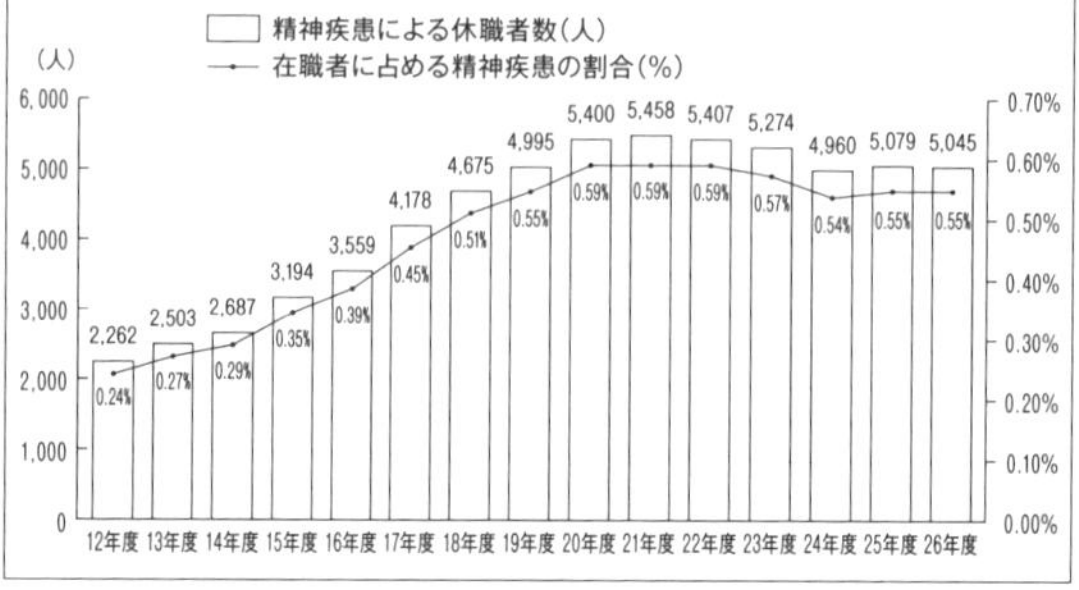

1 誰にでも起こり得る「辞めたい」という状況

二〇一五年一二月に文部科学省が公表した『平成二六年度公立学校教職員人事行政状況調査結果』によると、教職員の精神疾患による病気休職者数は五〇四五人（全教育職員のうち〇・五五％）で、二〇〇九年度の五四五八人をピークに減少傾向が見られるものの、依然として高水準で推移し、ここ一五年間で倍増しています（上図）。

一方、教員採用試験に合格（三一二五九人）しながら一年間の条件附採用期間後に正式採用とならなかった教員は二〇一四年度において三二一人にのぼり、そのうち約三割の八七人が精神疾患による依願退職であったことが判明しています。また、最近増加している定年前の早期退職者のなかにもメンタルヘルス面での問題を抱えている者が相当数含まれているという指摘もあります[1]。

このような病気休職者や退職者に加えて、病気休暇を取っている教師たちの存在も看すごすことはできません。二〇〇九年度に兵庫県内の公立小中高特別支援学校で、うつ病などの精神疾患で療養（病気休暇・病気休職）した教職員は三七二人にのぼることが、神戸新聞による県教委・神戸市教委への取材でわかりました（神戸新聞、二〇一〇・五・二五朝刊）。その年、文部科学省が発表した兵庫県における精神疾患による病気休職者は九六人となっていますので、病気休暇者も加えた数はおよそ四倍になると推定されます。

このような状況を考えると、前ページの図の数字はあくまでも氷山の一角にすぎません。ストレスを抱えながら学校現場で懸命に頑張っている多くの教師のメンタルヘルスが、これまで考えられてきた以上に深刻な状態にあると言わざるを得ません。休職や退職に追い込まれるとか、うつ病などの精神疾患に罹っていなくとも、日々の教育活動に神経をすり減らしながら休暇をつなぎ合わせて何とか勤務し続けている教師は少なくないと思われます。

❷ 困難度が増している、学校現場

二〇一一年に設置された文部科学省の『教職員のメンタルヘルス対策検討会議』がまとめた最終報告書（二〇一三）によると、従来から指摘されてきた多忙化による疲労の蓄積に加え、多様化・深刻化する児童・生徒の問題行動に関する生徒指導や保護者からの苦情等への対応で日常的なストレスにさらされた結果、「うつ状態」などに陥って病気休職となるケースが増加していると報告されています。

実際、二〇〇九～二〇一一年度に筆者の担当する大学院の授業において、長期派遣等の現職教員二三六名（年度ごとの内訳は九一名、七〇名、七五名）を対象に、学校現場における心の危機の経験について、その原因を尋ねたところ、表1のような結果になりました。

二〇〇〇年代に入ってから、めまぐるしい教育改革や競争主義・成果主義の導入がゆとりのない勤務状況を生み出し、それに伴う事務作業量の増大が教師の多忙化に拍車をかけているのは紛れもない事実です。しかし、表1からも明らかなように、教師にとって、単なる多忙は仕事上の人間関係に起因する危機に比べ、それほど大きな数字を示していません。裏を返せば、意味があると感じられる多忙であれば、ある程度持ち堪えることができるということです。では、教師にメンタルヘルスの不調を生じさせる要因は、どのようなものなのでしょうか。

歴史的に振り返ると、一九八〇年頃から子どもの成長・発達の危機や学校そのものの存在意義が揺らぎはじめたことを背景に、不登校・校内暴力・いじめなどの問題が噴出してきました。一九九〇年代に入ると学級崩壊に象徴されるように混迷と困難の度合いが一層強まり、さらに二〇〇〇年代に入ってからは、家庭や社会の急激な変化に伴い、児童虐待やネット犯罪、薬物乱用や子どもの自殺の連鎖などが大きな社会問題となってきています。

一九九八年に、文部省（当時）は『学校の「抱え込み」から開かれた「連携」へ』という報

危機の原因 （複数回答可，上位10項目）	人数
手に負えない児童・生徒に振り回される	97
職員間の共通理解や協力が得られずに孤立	64
保護者との人間関係	51
管理職との軋轢	43
同僚とのトラブルやいじめ	33
多忙	30
異質性の高い学校への転勤	14
新任（リアリティショック）	10
部活動における生徒・保護者との軋轢	9
望まない担任や分掌	9

表1　危機の原因

告書のなかで、「表面上はおとなしく素直に見える子ども、学業成績も比較的よく目立った問題行動も見られない子どもが、突然、対教師暴力や犯罪行為に及ぶような、これまで見られなかった新しい型の問題行動が増加する傾向」が見られると警告し、これを「学校の新しい荒れ」と名づけました。実際、二〇一四年度の暴力行為発生件数を見ると、小・中・高全体では五万四二四二件（前年度五万九三四五件）と、二〇一一年度以降は減少傾向に転じましたが、発生率（児童・生徒一〇〇〇人当たりの発生件数）は四・〇（前年度四・三）と依然として高どまりで、小学校での発生件数の著しい増加（ここ一〇年間で五倍の増加）が気になります[(2)]。

新しい荒れの特徴として、①非行傾向のある子どもと普通の子どもの境が見えない、②子どもが自分自身の苛立ちや不安が「何であるか」つかめない、③学校や教師が大事にしてきた常識や規範意識と、子どもや保護者のそれとの間に大きなズレが見られる、という点を指摘することができます。これらのことが、従来以上に生徒指導の困難さを増幅させていると考えられます。いじめ・不登校・暴力行為といった問題行動への対応ばかりでなく、所謂「普通」の子どもに対する日常の教育指導そのものから派生する難しさが加わってきていると言えるでしょう。

高校教師を対象とした「叱り」の調査によると、叱りを難しく感じる理由として最も多くあげられたのは「価値観のズレ」でした[(3)]。社会や学校において当たり前に通用していた暗黙のルールが崩れた結果、教師は児童・生徒との価値観のズレに悩んでいます。次に、「関係悪化懸念」「生徒の過剰な感情的反応」があげられました[4]。叱りに対する子どもからのマイナスの反応が教師の傷つきを生み、叱りを回避する感情や抵抗感につながっていくものと思われます。それでも、ほとんどの教師は、様々なことに配慮しながら必要に応じてしっかりと子どもたちを叱るなどして、日々の生徒指導を行っています。タイミングを逃して解決を難しくしてしまわないように、叱りにくい状況でも役割意識に動かされて叱ることもあるでしょう。従来は教師―児童・生徒という役割の枠組みが強固で、そこにある種の権威的な関係が存在していました。しかし最近では、教師は指導者というよりも、子どもや保護者のニーズに応えるべき存在と位置づけられ、教師―児童・生徒という役割の構造が崩れつつあるように思われます。

教育実践には教師と児童・生徒との間で「ワーキング・コンセンサス」（協働的な合意）が必要であるという指摘があります[5]。教師が教師らしく振るまえるには、児童・生徒が教室に存在する暗黙の規範に拠りながらその役割にふさわしい態度をとることが前提となるからです。しかし、学校の価値低下が（とりわけ高学歴保障の難しい学校において）進むなかで、学校の勉学には興味がもてず、反抗するわけでもないが学校生活に深く関与することもない、「脱生徒役割」[6]の拡大が見られるようになってきました。児童・生徒の多くが自分の将来の利益につながり、しかも心地のよい教育実践を要求するようになり、教師は逸脱行動への指導においても、一方的な押しつけにならないように個々の状況理解やニーズの把握に細心の注意をはらい、働きかけの正当性を対話による丁寧な説明によって納得させるというような対応を行わざるを得なくなっているのです。

また一方で、サービス化社会の進展のなかでの保護者・地域からの過大な要求の存在、学校や教師に対する世論やマスコミの非難や攻撃などが背景となり、自信を失って萎縮したり、強い心労から心身の不調をきたしたりする教師も急増しています。とりわけ、保護者対応においては、若い教師が自分よりも年上の保護者とうまく信頼関係を築けないというばかりでなく、中堅やベテランの教師、時には管理職までもが対応に苦慮し、なかには休職や早期退職にまで追い込まれてしまうケースも見られます。教師の社会的威信が低下し、信頼や尊敬が薄れがちな今日の社会状況にあっては、年齢を問わず、多くの教師にとって負担になることが少なくないと思われます。

その結果、生徒指導過程や保護者対応において「配慮の姿勢」を子どもや保護者に伝えようとして、時には演技性を伴う感情表出を行うなど、「感情労働」(7)の側面が拡大することになります。また、過剰な感情の活用による「共感疲労」や「思いやり疲労」といった負担感が、新たなストレスとして教師を襲うようになっています。

❸ 教師だから起こり得る「ストレス環境」

精神科医の中島一憲は、教師のメンタルヘルスが深刻の度合いを強めているなかでも、「もっとも多いのは抑うつ状態に陥る燃え尽き症候群（バーンアウト）」であると指摘していますで[8]。バーンアウト（燃え尽き）とは、教師・カウンセラー・医師・看護師などの対人援助職に特有のストレスをさす概念で、単なる疲労とは異なり、「長期間にわたり人を援助する過程で、解決困難な課題に常に晒された結果、極度の心身の疲労と情緒の枯渇をきたす症候群であり、自己卑下、仕事嫌悪、関心や思いやりの喪失を伴う状態」と定義されます[9]。

対人専門職のなかでも、教師は持続的な集団への対応を迫られる点で、困難度が一層高いと思われます。クラスに三〇人の子どもがいれば一対三〇の対応を迫られ、しかも子どもや保護者は三〇分の一の対応では満足しないという難しさがあるからです。絶えず個と集団とのバランスを取りながら、子どもの変化や保護者の要求を敏感にキャッチすることが求められます。また、担任と児童・生徒、担任と保護者の関係は少なくとも一年間は継続されます。医師やカウンセラーと違ってお互いに相手を変えることができないため、人間関係がこじれると身動きがとれなくなってしまうケースも少なくありません。

さらに、教師の仕事自体に内在する問題が考えられます。教育学者の佐藤学は、教職の特徴として、「再帰性」「不確実性」「無境界性」という三点を指摘しています[10]。「再帰性」とは、教育行為の責任や評価が、子どもおよび保護者から絶えず直接的に返ってくることを言います。「不確実性」とは、教える相手が変われば、同じ態度や技術で対応しても同じ成果が得られるとは限らないということです。異動に伴う環境変化からバーンアウトに陥るケースが少なくないことがそれを物語っています。先述の文部科学省調査（二〇一五）においても、精神疾患による休職者のうち、異動後二年未満で休職発令を受けた者が四八・〇%にものぼっています。「無境界性」とは、ここまでやれば完成というゴールが見えないために、仕事が職場外の日常生活にまで入り込みやすいことを言います。仕事を家に持ち返ったり、気になる子どものことが頭から離れなくなったり、また、突然保護者から相談や苦情の電話がかかってきたりして、素の自分に返ってほっとする時間がもてなくなってしまう場合もあるでしょう。二〇〇六年度の文部科学省調査では、一か月あたりの残業時間と持ち帰り時間の合計が、中学校教師で平均七四時間一〇分、二〇一二年度の全日本教職員組合の調査では一一四時間二五分という数字が示されています。いずれにしても、厚生労働省が「時間外労働時間が一〇〇時間を越えたら過労死ライン」[11]と言っていることを考えると、極めて深刻な事態ととらえることができます。

したがって、今、多くの教師が「ストレスのるつぼ」[12]のなかに置かれているといっても過言ではありません。

❹「辞めたい」と思うのは「弱い」からではない

教師が授業や部活動、生徒指導や学級経営に熱心に取り組み、誠心誠意頑張ることは望ましいことです。しかし、人相手の仕事であり、その成果がすぐに見えないために、適切なゴール設定ができずに頑張りすぎ、過剰に仕事にのめり込んでしまう場合も少なくありません。それでも、満足できる反応が相手から返ってきたり、正当な評価が得られれば、やりがいを感じて踏ん張ることもできます。しかし、児童・生徒や保護者から予期せぬ反応が返ってきたり、いくらやっても周りからの評価が得られないときには、幻滅感や失望感を抱き、心身の不調から辞めたい気持ちに陥ってしまうことにもなりかねません。これが、「バーンアウト」（燃え尽き）です。

バーンアウトに陥りやすい性格としては、

①ひたむきで、多くの仕事を熱心に完遂させようとし、達成できないとそのことに悩む。
②妥協や中途半端を嫌う完璧主義的傾向が強い。
③理想主義的情熱に駆り立てられる。

という特徴があげられます(13)。

❺「柔軟な心」と「しんどさを共有できる職場」を

メンタルヘルスの観点からは、真面目な教師こそ、バーンアウトに陥りやすい性格の対極に位置する「心の柔らかさ」をもつことを望まずにはいられません。

心を柔らかに保つためには、次のような心の構えが大切であると思われます。

①物事を楽しめるしなやかな心をもつこと
②いろいろなタイプの仲間の存在を相互に認め、尊重すること
③人を支え、人に支えられることを厭わないおおらかさをもつこと

教師自身が固定的な枠組みにとらわれずにしなやかな認知をもつことで、子どもたちの心も軽やかになるように思われます。

また、教師の仕事は、マックス・ウエーバーに倣えば、「職業としての人間関係」と言えます。日常的に、①子どもとの人間関係、②保護者との人間関係、③教師間の人間関係、という三つの複雑な人間関係に取り囲まれています。特に、子どもや保護者との人間関係が悪化した場合には双方にとって大きなストレッサーとなります。仮に子どもや保護者との関係がこじれ

た場合でも、教師間の人間関係が良好で、協力的に解決を図ろうとするサポーティブな雰囲気と体制とが職場に確立していれば、モチベーションを低下させずに困難な状況に取り組んでいくこともできるでしょう。しかし、教師間の人間関係が崩れ、孤立化が進んでいる場合には、職場の人間関係そのものがストレッサーとなり、子どもや保護者との関係の悪化がメンタルヘルスに直接的に影響を及ぼします。皆がパソコンに向かい無言状態が続く職員室、多忙や自動車通勤の増加による交流機会の減少など、学校内での心の居場所が少なくなり、教師同士が本音で語り合い、愚痴をこぼし合う機会が失われつつあるように思われます。悩みを抱えたときに弱音を吐いたり相談することは恥ずかしいことではないこと、また違う個性が助け合わなければ一人では何もできないことを教師同士が認め合うことが、職場の同僚性を高め、教師のメンタルヘルスの向上にもつながっていくのではないかと思われます。

引用・参考文献

(1) 保阪　亨『〝学校を休む〟児童生徒の欠席と教員の休職』学事出版、二〇〇九

(2) 文部科学省『平成二六年度児童生徒の問題行動等生徒指導上の諸問題に関する調査』（二〇一五年九月発表）

(3)(4) 古河真紀子、新井　肇「促進的教育効果をもつ叱りの構造と受容過程に関する研究」（『生徒指導学研究第九号』pp.77―86、二〇一〇）

(5)(6) 古賀正義「『教育困難』と教師の実践」（岩井八郎・近藤博之編『現代教育社会学』有斐閣、二〇一〇）

(7) ホックシールド、A.R.（1983）（石川　准・室伏亜希訳）『管理される心―感情が商品になるとき』世界思想社、二〇〇〇

(8) 中島一憲『先生が壊れていく　精神科医のみた教育の危機』弘文堂、二〇〇三

(9) Maslach C., Jackson S.E.（1981）The measurement of experienced burnout. Journal of Occupational Behaviour, 2, 99-113

(10) 佐藤　学「教師文化の構造―教育実践研究の立場から―」（稲垣忠彦・久冨善之編『日本の教師文化』東京大学出版会、一九九四）

(11) 厚生労働省労働基準局長通達『脳血管疾患及び虚血性心疾患等（負傷に起因するものを除く。）の認定基準について』（二〇〇一年一二月発表）

(12) 中島一憲『先生が壊れていく　精神科医のみた教育の危機』弘文堂、二〇〇三

(13) 田尾雅夫・久保真人『バーンアウトの理論と実際―心理学的アプローチ』誠信書房、一九九六

第2章 教師はどんなときに「辞めたい」と思うのか

❶ 教師が陥りやすい状況とは

教師を志望してはじめて教壇に立ったときから、経験を重ねて退職に至るまでの間には、教師としての職業意識や個人としての生き方に関する信念や価値観に様々な変容が生じます。その過程には、望ましい変化ばかりでなく、授業や生徒指導に対する自信を喪失し、教職そのものへの意欲をなくすなど、教職生活における危機や挫折に陥ってしまう場合もあります。教師のライフサイクルにおける危機の諸相について概観してみましょう。

❷ リアリティショックに悩む新任教師

教師の多くは、子どもたちに充実や感動を与えたいという夢や希望を抱いて教壇に立ちます。

しかし、どうやっても指導の通じない子どもに直面したり、保護者から理不尽な要求を突きつけられて対応に行き詰まったりした場合、無力感にさいなまれ、教師としての自信を失ってしまうこともあります。日本の教師は、学習指導だけでなく、生徒指導や進路指導、教育相談、また部活指導など、子どもたちに関するすべての指導・援助を受けもっています。そのため、OECDが実施した『国際教員指導環境調査(TALIS：タリス)』(二〇一三)において、日本の教師(中学校)の一週間当たりの勤務時間は、参加した三四か国・地域の平均三八・三時間を大幅に上回る五三・九時間で最長でした。しかし、これらの指導に対する自己評価が相対的に低いことも明らかにされました。例えば、「学級内の秩序を乱す行動を抑える」「生徒に勉強ができると自信をもたせる」ことができるかどうかという設問に肯定的な回答をした割合は、前者は日本が五二・七%であるのに対してOECDの平均は八七・〇%、後者は日本の一七・六%に対してOECDの平均は八五・八%でした[1]。この背景には、参加国平均では勤務時間の半分を授業に使っているのに対し、日本の教師が勤務時間のなかで授業そのものに使っている時間は三分の一程度であるという現実があります。特に若い教師は、学習指導以外にも部活動や事務作業などを抱え、授業力や学級経営力の向上を図ろうとしても難しい状況にあると言えるでしょう。文部科学省の『学校教員統計調査』(二〇一五)によれば、ここ数年で病気による離職者が増加し(二〇〇三年七二五人→二〇一三年一二七一人)、そのうち精神疾患が原因の者が六割近くに及んでいます。とりわけ小学校教師においては、二〇代の病気離職率が五〇代を上回り、新人教師の大量採用が進むなかで深刻な問題となっています。新人教師のなかには、早く子どもにも保護者にも信頼される先生になりたいと願いながらも、そこに到達できないもどかしさのなかで苦しんでいる者も少なくないと思われます。

❸ 仕事の重責から追いつめられる中堅教師

一〇年を超える教職経験を重ねて中堅になると、授業や部活動で児童・生徒と向き合うばかりでなく、学校全体を見渡す仕事や子どもと直接関わらない事務的な仕事を引き受けざるを得なくなります。組織のなかで同僚教師を動かしながら、リーダー性を発揮することも求められます。「無理矢理にでも周りの期待に応えて頑張らなければ」という思いが強くなりすぎると、自分自身を追いつめて、過重な負担に耐えられなくなってしまう場合もあります。「仕事のうえで困ったことがあるとき相談できる人」が職場にいなかったり、「気持ちや考えを打ち明けられる人」「甘えられる人」が身近にいなかったりすると、授業や生徒指導、部活指導、また保護者対応などで行き詰まったときに、それを表に出さずに一人で解決しようと躍起になり、仕事の抱え込みに拍車がかかって身動きがとれなくなってしまうことも少なくありません。

中堅になってはじめて就いた校務分掌上の役職の重圧と困難さから、教師としての自信が大きく揺らぎ、自分の拠って立つ基盤が崩れていくように感じたり、別の学校や学校以外の職場への転勤などの環境変化により、培ってきた専門性や自分の存在意義と思っているものが揺るがされ、自信喪失に陥ったりすることもあります。

❹ 子どもとの心理的距離が開いたと感じるベテラン教師の揺らぎ

中堅からベテランと呼ばれる教師は、円熟味を増し安定した教職生活を送っているように見えますが、人生の折り返し点を過ぎる頃から自己の生き方への問い直しを迫られたり、教師としての価値観や信念の揺らぎを経験したりして、内面的には静かな危機に陥っていることも少なくないと思われます。特に最近では、先述したように、保護者から従来の理解の枠組みでは計り知れない多様な要求が突きつけられたり、児童・生徒がとらえどころのない反応を示したりするため、熱心に関わろうとすればするほど空回りして、心身共に消耗していくケースも見られます。働きかけに対する効果が見られなかったり、努力を認められなかったりすると徒労感に襲われ、自分のやっていることの意味が見えなくなって、教師としてのやり甲斐が次第に失われていくことになりかねません。

また、家庭的には老親の介護の問題なども生じてきます。若手教師と管理職との狭間にあるジレンマや、これまでのキャリアの再評価とこれからの教育活動に向けての期待との葛藤、教育行政からのメッセージとこれまで培ってきた実践知との相克など、自己の教育観の揺らぎも生じやすくなります。くわえて、子どもたちとの年齢の乖離は、子どもの考え方や態度に対する戸惑いをこの年代の教師に覚えさせます。したがって、四〇代半ば以降の教師は、これまでの実践に対する内省と、これからの人生の再構成を迫られる「教師アイデンティティの揺らぎと危機の時期」にあると言えるでしょう。

❺ 教師に「辞めたい」と思わせるもの

教師が生き甲斐を感じられるかどうかは、教師としてのアイデンティティや信念、職業適性などの問題と並んで、学校に信頼的で協働的な教師集団がつくられているかどうかという人間関係の問題も大きく影響します。つまり、教師のメンタルヘルスの問題は個人の心理的・性格的要因のみからとらえられるものではなく、教師が置かれた学校の組織環境の影響を考慮する、少なくとも個人的要因と環境的要因との相互作用から生じるものと考える必要があると思われます。したがって、「もう、教師という仕事を辞めたい」という気持ちに陥るのは、特定の教師の問題というよりも、多くの教師が経験する可能性をもった職業上の危機としてとらえることができるのではないでしょうか。

マスラックとジャクソン（Maslach, C., Jackson S.E.）は、教師を辞めたくなったときの心境として、

①情緒的消耗感：仕事によって疲れ果てた、力尽きたという感覚に襲われる。

②脱人格化：児童・生徒、あるいは保護者に対して否定的で、人間味を欠くような対応をしてしまう。

③個人的達成感の後退：仕事の達成感、あるいは有意味性の知覚がもてなくなる。

というような精神状態を指摘しています[(2)]。いわゆる「燃え尽き」（バーンアウト）です。

この章では、教師にこのような危機的状態を引き起こし、「辞めたい」と思うまでに至らせる背景について、具体的な事例を通して考えてみたいと思います。

1 生徒指導の失敗から自信を失う

事例 問題のある生徒に端を発した学級の揺らぎから自信を失う

「赴任して一か月経ちましたが、教師の仕事は想像していた以上に厳しいです。毎日毎日子

どもを叱ってばかり、できたことや良かったことを必死に探して褒めても反抗。立ち歩きも私語もひどくなるばかりです。学習のルールの指導ばかりで授業もままならないので、きちんとやろうとしている子どもの学習権も奪っている気分です。本当に、情けないです。朝は気合いを入れて出勤しますが、時間が経つにつれ、だんだん無気力になるというか、逃げたいという気持ちになってしまいます。他の先生に助けてもらっても、私一人になれば元通り。私じゃなければ『いい子』にしている子どもがずるく思えて、関わりたい気持ちもほとんど消えてしまいました。私は教師に向いてない、辞めるかそれとも消えてしまうか、気づいたらそればっかり考えています。すぐに涙が出てしまいます」

新任の小学校女性教師からの相談メールの一部です。A先生は難関と言われた地方の教員採用試験に合格し、すべての学年が単学級の小規模校に赴任し、四年生の担任になりました。幼い頃から教職をめざしていたA先生は、理想に燃えて教壇に立ち、一人ひとりの児童の個性を伸ばすことを目標に、授業をはじめいろいろな場面で子どもたちと積極的に関わっていこうとしました。しかし、授業中に離席したり、突然大きな声で話し始めたりする多動傾向の児童への指導に手を焼いているうちに、周囲の児童のなかにもそれに同調して騒ぐ者も出てきました。当該児童の保護者に協力を求めると「去年はそんなことはなかった、うちの子ばかりを問題視するのはおかしい、丁寧に指導してほしい」と批判され、他の保護者からは「きちんと授業を成立させてほしい」と強く要求されるようになってしまいました。昨年度は厳しい指導をするベテランの男性教師が担任をしていましたが転勤し、A先生は十分な引き継ぎを受けることができなかったようです。

A先生は真面目で責任感が強く、自分一人で問題を抱え込みがちなところがあり、子どもたちにも「こうあるべきだ」と固定的な期待感を抱きがちで、どちらかというと柔軟な対応が苦手なタイプです。また、他人に頼まれると嫌と言えない性格で、仕事を引き受けすぎて後で後悔することもよくあると言います。それに、「家に帰って一人で食事をしていると、涙が止まらなくなり、食欲もなくなってしまいました」と言うように、はじめて家を離れて一人暮らしをはじめたことも精神的負担を増加させたようです。

現在の一生懸命の対応をねぎらってから、「多くの新任教員があたる壁ではないでしょうか。思うように子どもたちが動かないもどかしさや焦りなどから理想と現実の落差を感じる、『リアリティショック』と言われるものでは？　でも、他の先生が入るときちんと落ち着いているのは、A先生の前だから自分たちの素顔を出しているとも考えられます。子どもたちは、A先生に安心感を抱いてありのままを出しているとも言えるわけですから（子どもの成長には安心感が何より必要）、子どもをしっかり指導するという目線だけでなく、子どもの気持ちで学び合おう、一緒に遊ぼうという感じで接したら、少し変化が出るかもしれません。難しい子ばかりでなく、しっかり頑張っている子、楽しそうにしている子にも目を向けてみたらどうでしょうか。いいとこみつけの名人先生をめざしてみたら？　すごくいい先生になろうとするのでなく、一緒にいて楽しい先生をめざしてみるのも一つの方法です。それと、周りの先生も忙しいでしょうが、相談されたり、頼られたりするのは嫌なものではなく、学校全体で子どもを見ていくわけですから、信頼できる先輩や管理職の方に肩肘張らずに相談してみてください。人と話すと、少し気持ちが楽になります。相談することは恥ずかしいことではないし、自分のためというよりも、子どもたちのためと思って相談してみてください。うまくいかなくて当たり前、そんな気持ちでやってみたらどうでしょうか」と返信したところ、A先生は何とか自分の力で持ち直したいという思いが強く、自分の考え方ややり方を変えることには時間がかかったようですが、「一人で無理にやってもどうにもならない」と開き直ってから、気持ちが少しずつ和らいでいったとメールが来ました。

「あれから、正直に自分の気持ちを周りの先生に相談しました。それから、毎時間お手すきの先生がクラスに入ってくださるようになりました。先週はそんな感じで、とりあえず乗り切ることができました。私ばっかりおんぶに抱っこで、情けない思いもありましたが、どんな形でも、とりあえず子どもたちが話を聞ける瞬間ができ、ほっとしています。土日で休めたので、心もちょっと立ち直りつつあります。とりあえず、嫌なことばかり考えないようにしています。

また、今日から初任研なので、同期の人とも話をして、さらにリフレッシュしたいです」

A先生は同じような悩みを抱えた新任の仲間や職場の先輩と、子どもへの対応について相談し合うようになりました。話を通じて自己理解が進み、自分が身にまといがちな固い殻にも気づき、もののとらえ方も少しずつ変わっていきました。反抗的な児童も「心のどこかで変わりたいと願っている存在」であると思えるようになり、以前に比べ授業に行くのが苦痛でなくなったと言います。自信が一〇〇%回復したわけではありませんが、「教師の仕事を続けたい」と思いはじめるようになっていきました。

考察

教師の多くは、程度の差こそあれ、子どもたちに充実や感動を与えることに期待を抱いて教壇に立ちます。しかし、どうやっても指導の通じない子どもに直面したり、保護者から過大な要求を突きつけられて対応に行き詰まると、苛立ちや欲求不満が昂じて無力感にさいなまれるようになります。やがて、極度の疲れや感情の涸渇、もううんざりだという気持ちから働く意欲が失われ、何もしたくなくなるという事態に陥ることがあります。これがいわゆるバーンアウト（「燃え尽き症候群」）です。

教師バーンアウトとは、「教師が理想を抱き、真面目に仕事に専心するなかで、学校での様々なストレスにさらされた結果、自分でも気づかぬうちに消耗し極度の疲弊をきたすに至った状態」をさします[3]。このような状態になると、強い自己嫌悪や幻滅感に陥り、人への思いやりを喪失してしまうため、子どもへの関わりは機械的で表面的なものとなり、おざなりな対応しかできなくなってしまいます。また、慢性の疲労感や息苦しさ、不眠などの不定愁訴に悩まされ、身体的不健康に陥ったり、精神疾患、時には自殺などに至るケースの背景ともなることもあります。

バーンアウトに陥りやすいパーソナリティとしては、先述したように次のような心理特性があげられます[4]。

①ひたむきで、多くの仕事を熱心に完遂させようとし、達成できないと深く悩む人
②妥協や中途半端を嫌う完璧主義的傾向の強い人
③理想主義的情熱に駆り立てられる人

いずれにも共通するのは、他人のことに積極的に関与しようとする利他的な精神が旺盛であることと、自我理想が高いことです。教師は、子どもたちにきめ細かく関わることを要請され、理想に燃えたタイプが歓迎されます。ところが、理想主義的信念の強い人ほど、現実の困難に遭遇すると、行き詰まりを人一倍強く感じてしまいます。ここに、教師として望ましい性格や態度が、かえってバーンアウトを引き起こすというパラドックスがあります。

特に若い教師の場合、一杯一杯で仕事をこなしてきたとしても、それを表に出さずにいると、「あの先生は、若いのに力がある、やれる先生だ」という過度な期待を周りが抱くようになり、自分もそれに応えようとするなかで知らず知らず無理をしてしまうことが少なくありません。無理を重ねていくうちに過重な負担に押しつぶされて行き詰まってくると、今度は「できない自分」を責めて自己評価を低下させ、理想と現実のギャップに苦しむという負のサイクルに入り込んでしまうことにもなりかねません。

A先生の場合からもわかるように、熱心な教師が燃え尽きるかどうかは、児童・生徒や同僚との「関係性」によるところが大きいのではないでしょうか。子どもへの対応や授業で悩む教師を、職場でどう支えていくかが「辞めるか、辞めないか」の分岐点となるように思われます。

一般的には、ソーシャル・サポート（身のまわりの人に支えられること）の存在によりストレスは軽減されますが、身近な人間関係が悪化した場合には、むしろ人間関係そのものが大きなストレスとして作用することになります。教師の仕事は、授業をはじめとして本質的には個別の作業であるため、孤立や疎外を引き起こしやすいと考えられます。そのため教師相互の協力が十分に確立されていない職場では、誠実で責任感の強い教師が過重な仕事を背負い込んだり、仕事をうまくこなせない若手教師などが孤立感を深めていくことも少なくありません。実際、同僚の支持や協力があるからこそ人はやる気を出し、積極的に仕事に向かうことができるのではないでしょうか。助け合える仲間がいないと感じる職場では、砂を噛むような時間だけが流れていくことになりかねません。悩む仲間が燃え尽きる前に、孤立させずに支え合っていくことが何よりも求められることです。

また一方で、個々の教師がそのようなサポートを進んで求め、自己開示や相談に開かれた姿勢をもつことも、バーンアウトに陥らないために大切なことだと思われます。

教職への熱意も能力もあるA先生でしたが、結局は教師の職を辞してしまいました。大学時代はサークル活動やボランティア活動を通じて子どもたちとも積極的に関わり、教員採用試験にも優秀な成績で合格しました。多くの力を兼ね備えた若者でしたが、何とかクラスが持ち直した後も、自尊感情が低くなったままでした。初任者に対して、教え込むというのではなく、じっくりと話を聴き、もっている力を引き出し、できていることを認めて伸ばしていくという姿勢が、管理職をはじめ、メンターとしての先輩教師に求められているのではないでしょうか。

2 自分の学習指導力が不足していると感じる

事例 生徒の学力が上がらず、自分の指導力が低いと感じはじめる

B先生は三五歳の女性教師で、小学校の低学年の担任を何度かやったこともありますが、音

楽専科を長年やってきました。新年度に入ると、突然管理職から五年生の学級担任をするように言われました。前年度、保護者とのトラブルから病気休職になってしまった先生もいる学年で、児童も保護者も、学校に対しての不平や不満がくすぶり、しっかり指導してもらえるのかという不安な思いをもっていました。

B先生は音楽専科のときにも、高学年の授業では児童の対応に苦慮したこともあり、学級担任をすることに強い不安を抱き、「辞退できないだろうか」と申し出ましたが、受け入れてもらえませんでした。B先生も学校事情を考えると、周囲からはわがままととらえられかねないと思い、渋々担任を引き受けることにしました。しかし、実際に新学期が始まると、日々の教材研究をこなすことで一杯一杯で、児童が生き生きするような学級づくりを進めたり、児童一人ひとりにていねいに関わったりする余裕は全くもてませんでした。それでも、学年主任や他の学年の先生に助けられたり、児童の対応に困ったときには教育相談部の先生に相談したりしながら、何とか四月、五月を乗り越えてきました。

六月に学年共通のテストが実施され、B先生のクラスの国語と算数の成績が振るわない結果が出ると、管理職に呼ばれ、「学力向上という学校全体の方針にしたがって、子どもに確かな学力が定着するような授業をするように」と発破をかけられました。しかし、何とか教科書をこなすことが精一杯で、子どもから質問を受けたりするとたじたじになってしまったり、日々の疲れからテストの採点ミスをしたり、宿題の内容や分量について保護者から苦情が寄せられたりして、徐々に学習指導に対する自信を失っていきました。

「低学力の児童にも目を配るように」との指導も受け、学習に困難を抱えた児童を放課後残して個別に教えたりもしましたが、なかなか成果が得られませんでした。保護者からも、「教え方が悪いから、子どもの学力が上がらない」と言われ、自分でもそうだと思いながら、教科書の内容を伝えることだけで授業時間が過ぎていき、皆が興味を抱くような教材を用意したり、児童と言葉のキャッチボールをしながら授業を進めたりすることはできませんでした。音楽の授業で児童と一緒に大声で歌ったり、楽器を演奏したりして楽しんでいたことを思い出すと今の自分が情けなく思えてきました。一人ひとりの児童に合わせてどう学力を定着させられるのかと、悩み続ける毎日でした。それでも、何とかしのがなければと思い、授業だけでなく休み時間も児童と一緒に過ごすことで良好な関係をつくり、学習への意欲を高めていこうと考え、長い休み時間は一緒に遊ぶようにしてきましたが、それも徐々に負担に思えてきて、日々の疲れが抜けずに溜まってくるという状況でした。当初から力のない私が担任して申し訳ないという思いがあり、児童を伸び伸びさせることができない自分の非力さを責めたり、時には自分に向けられる児童の目が怖く感じるようなこともありました。

六月末の授業参観日に、参観に来ていた保護者が複数で、「B先生の教え方が悪い、あれでは子どもの学力は上がらない」「子どもも授業がつまらない、わからないと言っている」と、直接管理職に苦情を言うということがありました。管理職からは、「参観日ぐらい、しっかりと教材研究して臨まなくてはいけないでしょう。何をやっているんですか」と叱責され、日々どれだけ時間をかけて教材研究に頑張っているかと思うと、涙が止まらなくなってしまいました。

B先生は自己抑制的で我慢強いように見えますが、その一方で、本人によればやや現実感覚が弱いところもあり、他者に依存したい、周りから認められたいという気持ちが人一倍強いといいます。音楽専科を急に外され、一時間も音楽の授業をもたせてもらえず、不慣れな高学年の教材研究と授業準備に四苦八苦している大変さをわかってもらえないという気持ちが強まるなかで、徐々に学校へ足が向かなくなってしまい、現在は病気休暇に入っています。

考察

燃え尽き（バーンアウト）は、個人が過重な内的要求と過剰な外的期待を抱くことからはじまる現象です。自尊感情を低下させるような心理的・身体的徴候を伴う幻滅感の進行によって特徴づけられます。幻滅感が持続し、情緒的・身体的・知的・精神的な様々な面の欲求が長期間にわたって適合されることなく、状況の変化に対する期待が裏切られていくとき、「辞めたい」という気持ちが湧き起こってくるように思われます。

児童・生徒に充実感や感動を与えることに大きな期待を抱いて教職に就いた者が、教えることや成長を支援することにやり甲斐を感じていたにもかかわらず、カリキュラムの変更や指導の難しい生徒の出現、また保護者からの過大な要求にプレッシャーを感じ、徐々に落胆と欲求不満を抱きはじめることがあります。B先生の場合は、音楽専科から高学年の学級担任への突然の配置転換が大きく影響したように思われます。学習指導における自己効力感の低下が、身体的な極度の疲れや感情的な涸渇、もううんざりだという気持ちを抱かせ、教職への信念を揺らがせて、「辞めたい」という気持ちを強めていったのではないでしょうか。ただ消耗するだけではなく、他者と人間的に接することが難しくなり、職業理念が後退し、働く意欲を失い、何もしたくなくなる、できなくなるというところに、教師のバーンアウトの本質があります。

教師の仕事は、その目標から過程、評価、どの面を見ても簡単にマニュアル化できない不確実さに満ちています。ですから、「手抜き」しようとすればそうできる面があり、逆にやろうとすれば際限がないほどやるべきことがあることにもなります。この教師の仕事の不確実性のために、良心的な教師ほど大事なことが十分にできていないという未達成感を日常的に抱きやすく、葛藤状況に陥りやすいと考えられます。本人によればやや現実感覚が弱いというB先生に対して、情緒的な支援だけでなく、学年の先生同士で相互に授業を見せ合って授業研究をしたり、工夫した教材を共有したりするなどの実質的な支援があってもよかったのではないでしょうか。

児童・生徒や保護者、また同僚教師や管理職との相互のやりとりがうまくいかないかもしれないといった恐れを抱いていると、バーンアウトが生じやすくなります。自己評価が高いことは、バーンアウトに対して予防的に働きますが、教師としての力量の評価といっても、セールスマンが売り上げを伸ばすことで評価されるような客観的な基準があるわけではありません。したがって、子どもたちの間でのちょっとした噂や、保護者からの評判といったものを必要以上に重く受け止めてしまうことも少なくないのです。「声が小さい」「字が下手」「話がつまらない」「力が弱そう」など、自分が気にしていることを子どもから指摘されると、過剰反応して「自分は駄目だ」と落ち込み、必要以上に不安を感じてしまい、時には児童・生徒を嫌悪するようになってしまう場合もあります。

B先生の場合は、保護者からの直接的な非難と管理職からの叱責を受け、完全に自信喪失に陥ってしまいました。従来、教師は保護者との信頼関係を基盤に、PTA活動など通じて支援を受けながら教育活動を行ってきました。しかし、二〇〇〇年代に入ってから、教師にとって協力的な保護者ばかりでなく、要求ばかりが多く、しかも監視するような存在の保護者も登場してきました。学校が地域に開かれ、保護者の建設的意見によって改善されていくのならば教育にとって大きなプラスになるでしょう。しかし、基盤となる信頼関係を欠いたまま学校や教師に批判的になる親の存在は、多くの教師にとって大きな不安やストレスの原因ともなりかねません。管理職が、教員と保護者との間に立って、どのようなスタンスをとるのかも、「辞めたい」と「辞めない」との分水嶺になるように思われます。

子どもは教師を選べません。管理職は、無理な人事を行わざるを得ない場合は、管理職自身がそのフォローにどう責任をもつのか、真摯に取り組むことが、子どもも教師も大切にすることなのではないでしょうか。

3 学期スタートの失敗が後を引く

事例 学期はじめのつまずきから、生徒対応が怖くなっていく

C先生は三〇歳の女性教師で、転勤した二校目の学校で五年生の担任をすることになりました。これまで低学年か中学年の担任ばかりをしていたので、慣れない学校でいきなり高学年の担任をすることに不安を覚えましたが、校長先生から「もう一〇年近く経験を積んでいるし、田舎の純朴な子どもたちで、クラスの人数も少ないから大丈夫ですよ」と言われ、渋々ながら引き受けざるを得ませんでした。C先生は前任の都市部の中規模校では、子どものつぶやきを

拾いながら、ほめたり、励ましたりして授業にも熱心に取り組み、子どもたちともよく遊ぶやさしい若い先生というイメージで、子どもたちも慕っていました。

現任校は農村部の小規模校で、一学年一学級、女子九人、男子一四人のクラスです。小さい頃からずっと一緒で、固定した人間関係ができあがっていました。年度はじめの学級活動の時間に、五年生だから児童の主体性を伸ばしていきたいと考え、学級の係を児童の話し合いで決めることにしました。しかし、話し合いをしはじめると勝手な私語が起こり、注意をすると一瞬はやめますが、また私語をはじめ、C先生は注意する声もだんだんと大きくなり、収拾がつかなくなってしまいました。話し合いを中断させ、「あとでもう一度話し合いましょう」と言ってその場を納めようとしましたが、リーダー格の数名の男児が「今、決めようよ」「好きにさせて」と騒ぎ出しました。はじめが肝心と思い、大きな声で怖い顔をして注意をして何とか静かにさせましたが、低・中学年を受け持っていたときの今までの声や表情では指示が入らないことに辛さを感じました。

C先生が受け持ったクラスは、四年生のときにはこの春転勤していった四〇代後半の男性教師が担任をしていて、ルールを細かく決めて守らないと怒鳴り声を校舎に響かせるような力で押さえつける指導をしていました。児童はその教師の前ではきちんとしても、他の教師の言うことを聞かないという状況もあったようです。結局、学級の係は教師主導で決めましたが、そのことに不満をもったのか掃除や当番活動をきちんとしない数名の児童が出てきて、繰り返し叱っても指導が入らず、C先生は困り果てました。また、そのことをきちんと怒ってほしいという児童もいて、新学期早々クラスが落ち着かない状況になってしまいました。C先生は毅然とした態度をとっているつもりでしたが、子どもたちにはおどおどした感じに映ったのか、男児の多くは勝手に振るまうようになり、一部の女児は信頼できないという感じで視線を合わせなくなり、C先生自身も怒ってばかりいる自分がこれまでの自分と違った自分になってしまったように感じ、ますます気が滅入っていきました。

それでも、仕事だからと気を取り直し、教材研究を必死で行い、子どもたちが困った行動をしたときには本来の自分らしく子どもの声を聞くことに徹しようと考え直しましたが、一部の児童のわがままを感情的に許すことができなくなり、受容的に関わることも難しくなっていきました。C先生の指導が一貫していなかったためか、一部の保護者からは連絡帳に「子どものトラブルへの対処に納得できないものがあります」「どういう方針で教えているのですか、子どもがわかりにくいと言っています」などの厳しい言葉が並ぶこともあり、児童が家で自分のことをどう言っているのかと考えると、児童へ対応することが怖くなっていきました。管理職のところへ直接苦情を言いに来る保護者もいて、校長先生からの指導もありましたが、具体的な指導というよりも、駄目出しをされている感じでした。何か、転勤してきた自分が、子どもからも保護者からも、また管理職からも余所者として試されているように思えてきて、嫌な感じにとらわれました。

転勤してひと月も経たないのに、教室から廊下に出ると自然に大きなため息が出て、「教師を辞めようかな」と思う日が増えてきました。

考察

新学期、教師は期待と緊張のなかで、新しい学級、新しい子どもたちとの出会いを迎えます。子どもたちも同様に、新しい先生、新しい仲間との出会いに胸をときめかせながら教室の扉を開けることでしょう。教師と子どもとの関係は教育の原点とも言えるもので、年度はじめの出会いの印象は、一年間の学級生活を左右すると言っても過言ではありません。

C先生にとっては、今回が初めての転勤であり、期待とともに緊張や不安を強く感じていたものと思われます。また、小規模校であるため、幼稚園以来の人間関係が、子ども同士でも、保護者の間でも固定しているため、先生だけが新参者という感じでやりにくさもあったと思われます。学校風土や地域の違い、あるいはこれまでの子どもたちの育ちや前年度までの経験などから、新たに担任になった教師のやり方がうまく通じないことはよくあることです。そのため、転勤後にバーンアウトが起こりやすくもなります。

ですから、転勤直後ということも考慮しながら、新年度の学級づくりにあたって、次のような点に留意する必要があったように思われます。

先ず第一に、前年度の担任（このケースの場合は転勤していませんが）、あるいは周囲の先生（養護教諭やスクールカウンセラーも含めて）から情報を得ることが大切だと思われます。そのとき、問題点ばかりでなく、個々の児童・生徒の良い点や学級として取り組んでうまくいったことなども聞くことです。また、情報を聞きながら頼れる人を見つけて、困ったときには相談できるような関係をつくっておくことも必要です。支援を求めるのは、先生自身のためというよりも子どものためであるのですから。

第二に、保護者との信頼関係をつくることが求められます。できる範囲で保護者や地域のなかに入っていったり、学級通信を出したりすることが考えられます。そのときに、子どもたちの学校での様子を、いい点を認めて伝えるように心がける必要があります。それと並行して、特に問題のある子どもの保護者とは早い段階で話し合う時間をもつことも重要だと思われます。保護者もきっと困っているはずですから、「そんなふうに子育てを頑張っておられるのですね」などと保護者の苦労をねぎらったうえで、「一緒に子どものことを考えましょう」というスタンスで協力体制をつくることが、保護者との信頼関係をつくることにつながるのだと思われます。

第三に、このケースの場合、これまでの固定した人間関係のなかで、ある特定メンバーが先生に否定的な意見を言うと最終的にはその意見に全体が従ってしまう傾向が見えたり、強く叱ってもその場限りで効果が薄く、叱られ慣れている様子もうかがえます。クラスの人間関係やどこに子どもたちの問題の本質があるのかを探りながら、わかりやすくシンプルな学級のルールや授業でのきまり、友だちと仲良くするための約束事などを提示したり、話し合いが進められる状況になったら子どもにルールを考えさせたりして、子どもたち自身が納得したうえでルールや約束を根気強く守らせていくことも大切だと思われます。

子どもたちは、何と言っても担任の先生を好きになりたい、誇りたいという気持ちがあるのです。子どもを操作対象と見てコントロールしようとするのではなく、一緒に学校の生活をつくっていく協力者としてとらえる視点が大切なのではないでしょうか。年度はじめや学期はじめに一度つまずいても、回復することは可能ですから、周囲の教職員、保護者との相互理解を図りながら、徐々に協力を取りつけていくのも大事なことです。

転勤直後の半年間ほどは「うまくいかないのが当たり前」と考え、とりあえず「郷に入っては、郷に従え」の精神で、その学校に独特な文化や土地柄といったものをいったんは受け入れ、そのうえで問題の本質を探りながら子どもたちの実態に合うやり方を見つけて、焦らず、あきらめず「ぼちぼち行こう」というぐらいでやっていくことが、その先生の持ち味や良さを周囲に気づかせることにつながるのではないでしょうか。

4 自身のプライドが傷つけられたと感じる

事例 同僚に言われた何気ないひと言で傷つく

D先生は、商業高校で国語を担当する三三歳の男性教師です。新任から二校目になるこの学校に着任して二年目を迎え、第一学年の学級担任をしています。クラスはおとなしい生徒が多く、ホームルーム経営もうまくいっていたので安心していたところ、学年末、ある科目で三人の生徒が欠点を取り留年が決まってしまいました。自分の指導の甘さを後悔しましたが、進路変更後の指導を適切にやろうと頭を切り換えて対応した結果、二人はうまく進路決定したものの、一人の女子生徒がパニック状態に陥り、事態の収拾がつかずに引きこもるようになってしまいました。

保護者から責められたり不満を言われたりという毎日が春休みにかけて続き、精神的に余裕のない状況に陥っていた頃、職員室のなかから、「なんだかんだ言っても不登校や中退は担任の力量次第だよ。しっかり面倒を見ないから、生徒はつまずくことになる。単位を落としたりするのは担任の責任だよ」という同じ教科の先輩教師の声が聞こえてきました。担任として苦しみながら努力してきたことは一切認めず、非はすべて担任にあり、生徒本人や家庭状況を少しも理解しようとしない一方的な見方で責められているように感じ、ショックを受けて心が折れてしまいそうになりました。心配して声をかけてくれる同僚もいましたが、表面的なものにしか思えず、話をする気を失っていきました。欠点を出した科目の担当教師が、それまで仲の良かった一番の相談相手であったし、基準に照らしてそうせざるを得なかったこともわかっていたので、愚痴をこぼすこともできず、一層辛い気持ちになっていきました。生徒指導において担任に大きな責任がかかるシステムの学校であったため、保護者、生徒、同僚のすべてから自分が責められているように感じられ、気分的にまいり、春休み途中から、不眠、喉が渇く、呼吸困難に陥る、時折一人になると大声を出してしまうという症状が現れ、その後およそ一か月も続いてしまいました。

D先生は、多少難しい問題でも自分の力で何とかやれるという自負があり、周りからも「よく頑張る、力のある若手教員」と評価されていると思っていただけに、三人の留年と女子生徒の引きこもりで、すっかり自信を砕かれてしまいました。D先生は一見明るく見えますが、本人によれば「うまくいかないことがあると、くよくよと考え一つのことに拘ってしまう」「自分では一生懸命やっていたのに、思わぬところで予想しない事態が起こり、そのことを指摘されると、自責の念が高まる」「手を抜かずにやらなければという気持ちが強く、仕事が停滞すると疲労感が蓄積し、エネルギーが低下していく」ところがあり、「もういいや」というふうに開き直ることができない性格であると言います。

それでも何とか持ち堪えて、二年生の担任になりました。五月連休明けまでは心身の不調が続きましたが、引きこもっていた女子生徒が定時制高校に転入し、元気にやっているとの報告を受けて少し気持ちが落ち着きました。その後、同じ学年の別の教科の先輩教師が親身に相談に乗ってくれるようになり、少しずつ気持ちが前向きになっていきました。

考察

困難な状況に直面しながらも何とか持ち堪えてきた教師が、緊張の糸が切れるように燃え尽き（バーンアウト）に陥っていくときには、同僚教師や管理職、あるいは生徒や保護者のちょっとしたひと言や否定的な態度が直接の引き金になっていることがよくあります。D先生のケースのように、信頼を寄せていた先輩教師に、それまで言えていたグチが言えなくなったとき、孤立感を深め、幻滅感の増大とともに困難な状況に取り組む意欲や自信が失われてしまいます。それでも、「個人的な気持ちを正直に打ち明けることのできる人」や、「仕事のうえで困ったことがあるときに心を開いて相談できる人」が身近にいれば、何とか持ち堪えることができると思われます。しかし、そのような人が職場にいなかったり、また、いたとしても弱音を吐かずに悩みや不満を一人でため込んでしまうと、事態は一層悪化していきます。

D先生は辛い状況にもじっと我慢して耐えながら、問題を直視していこうとするタイプです。また一方で、自分のクラスや担任している生徒がよく思われなければ自分の指導力が問われると考え、無理にでも頑張ろうとするところもあります。あらゆる場面で意気込みすぎたり、相手を信じすぎたり、人の評判を気にしすぎたりして、予想外の結果に傷つくことも少なくなかったようです。

私たちが困難な事象に遭遇したときや自力での解決が難しい問題に直面したとき、周囲に援助を求める人がいる一方で、困っていても一切周囲に援助を求めようとしない人もいます。D先生はどちらかというと後者のタイプで、人に援助を求めたり、人の援助を受け入れたりすることは、自分が弱い存在であることを認め、プライドが傷つけられるかもしれないと恐れていたのではないかと述懐しています。園田（二〇〇二）も指摘するように、教師が時に「しんどさ」を感じるのは、その未熟さや非力さからだけではありません。指導の難しい子どもや保護者に振り回されたり、納得のいかない仕事を押しつけられたりすると、徒労感からしんどさが増していきます。ですから、しんどさを感じることが不適切なのではなく、しんどさを感じぬふりをしたり、しんどさを特定の児童・生徒への攻撃や排除、同僚へのいびりなどに無自覚に転化したりすることが不適切なのです[5]。「辛い」「苦しい」「やりきれない」といった否定的な感情が自分のなかで生じたときに、それをごまかさずに受け止め、周りを信頼して「助けて」と言葉にすることが大切なのではないでしょうか。そのためには、自分の駄目なところや失敗したこと、周囲の期待に応えられないことなど、否定的な部分も含んだ自分が認められていると感じることが不可欠になります。そのような安心感があればこそ、「しんどさ」を素直に表に出すことができるようになるのだと思います。

学校が厳しい状況に置かれている今だからこそ、誰かが「大変だ、しんどい」と声をあげることが、必要なのではないでしょうか。そうしないと各自がバラバラになって、悩みを抱え込みながら孤立感を強めるだけの職場になりかねません。頑張って、頑張りすぎて限界に近づく前に、素直に「しんどい」と言える温かい職員室の人間関係をつくることが、「辞めたい」気持ちを防ぐために、先ず第一に行われるべきことであると思われます。

事例5 役職としての責務が負担となる

学年主任の仕事が、知らず知らずのうちに重荷に

E先生は中学校で理科を教える四六歳のベテラン教師です。現在の学校は四校目で四年目を迎えます。理科教育だけでなく他校での生徒指導主事の経験もあり、また真面目で温厚な性格

も手伝って、周囲も厚い信頼を寄せていました。三年間学級担任をした後、三学年の学年主任を務めることになりました。その当時、学校は問題行動が多発し、その県の指導困難校にも指定されている所謂「荒れた中学校」でした。学年主任と同時に学年の生徒指導担当も兼ねることになってしまい、前例のないケースでしたが、学校の荒れた状況と学年に若い先生が多いこともあって、引き受けざるを得なかったようです。E先生は、最高学年の主任というプレッシャーと、生徒指導担当という立場で学年の他の先生に負担をかけてはいけないという思いから仕事を一人で抱え込み、苦しい状況でも我慢して、不平や不満を心のなかにため込んでいきました。

頻発する問題行動に足並みをそろえて対応できるように学年集団をまとめようとしましたが、協調性のない人もいて、思うように仲間意識を生み出すことができませんでした。そのような状況のなかで、三年生の数名のグループが暴言を吐いて授業妨害したり、エスケープしたり、目に余る反抗的な態度をとるようになっていきました。不安定な家庭状況のなかで育った生徒が多く、もともと大人への不信感を強く抱き、非行傾向のある卒業生や他校生徒との学校外でのつながりを強めていくなかで、学校の指導が入りにくくなっていきました。保護者への協力を求めると、「子どもの好きなようにさせてくれればいい」と逆に学校を非難したり、「おまえらの指導が悪いからだ」と暴言を浴びせてきたりして話し合いにならず、打つ手がなくなるなかで、生徒たちの問題行動もエスカレートしていきました。

Ｅ先生は学年主任として、また生徒指導担当として、そのような生徒の矢面に立ち、身体を張って指導を繰り返していきましたが、生徒たちの攻撃の矛先がすべてＥ先生に向けられるようになっていきました。その一方で、学年主任としての事務仕事もこなさなければならず、学校に遅くまで残って仕事をしたり、家に仕事を持ち帰ったりすることも多くなっていきました。睡眠時間が不足するとともに、生徒のことが頭から離れなくなり、心を休めることができなくなってしまいました。持病の喘息の発作が起きたり、夜遅くに夕食をとるしかなく、胃の調子も悪くなっていきました。

管理職に相談すると、管理職は地域とのつながりを第一に考え、保護者の非協力な態度は棚に上げ、生徒指導と保護者対応、そして進路に向けての取り組みを「ともかく、頑張ってやってほしい」と言うばかりで、過重労働になっていることや精神的にストレスをため込んでいることに配慮する姿勢は見られませんでした。

一学期は何とか乗り切ったもの、二学期に入り学校行事がたて込む頃から、数名のグループの問題行動がさらにエスカレートし、警察との連携を進めようとした矢先に保護者から、「自分たちが指導できないのを棚に上げて、子どもを警察に売るのか」と恫喝に近い威圧的暴言を浴びせられたり、また、進路関係の事務仕事が重なったりして、不眠や全身倦怠感など心身の不調が続くようになりました。一一月に入って間もない頃、E先生はついに、過重な労働とストレスを原因とする神経性胃潰瘍と診断され、休職し自宅療養するに至りました。

考察

多忙がすべて、バーンアウト（燃え尽き）を引き起こすわけではありません。燃え尽きにつながる多忙の一つは、児童・生徒および保護者との人間関係に起因する多忙です。自分の都合を優先したり、自分のペースを保つことが困難な場合には、大きな精神的負担を強いられることになります。

熱心な教師ほど、仕事を家に持ち帰ったり、気になる子どものことが頭から離れなくなったり、また、突然保護者からの相談や苦情の電話がかかってきたりして、素の自分に返ってほっとする時間がもてなくなってしまいがちです。仮に労働の過重な負担や多忙があったとしても、それを軽減したり解消したりする権限が自らにあれば何とかしのぐこともできますが、他者に決定権が委ねられているときには、仕事の切迫感からストレスが蓄積され、消耗感を抱きやすくなると考えられます。その点で、仕事に自律性があるかないかは、同じような多忙な状況に置かれても、それをストレスと感じる度合いに違いが生じることになります。自分の仕事にどれだけ裁量権があるか、自律性があるかが、多忙が燃え尽きにつながるか否かを左右するのではないでしょうか。

次に、役割の曖昧性という問題があげられます。人と関わる仕事の場合、相手が何をしてほしいかほしくないか、期待し期待される関係にあります。その期待を取り入れることによって、役割が形成され、期待された役割に沿いながら、判断し行動することになります。しかし、期待されていることがわからなかったり、期待が大きすぎてその期待を十分果たすことができなかったりすると、ストレスが増大します。

従来は、教師─児童、教師─生徒という役割の枠組みが強固で、教師として児童・生徒に対して何を為すべきかということがある程度明らかにされていました。しかし最近では、消費者意識の強まりのなかで、教師は子どもや保護者のニーズに応えるべき存在と位置づけられ、指導者であると同時に援助者であることを期待され、教師─児童、教師─生徒という役割関係の構造が崩れつつあります。そのため、生徒指導場面において逸脱行動を正す場合でも、一方的な押しつけにならないように個々の状況理解やニーズの把握に細心の注意をはらい、理解の枠組みを修正したり、更新したりしながら適切な対応を果たしていくことが求められるようになってきました。教師は、児童・生徒や保護者との対応において、絶えず説明責任を意識し、これまで以上に感情のコントロールを強いられる状況に置かれていると言えるのではないでしょうか。

また、困難な問題を前にして、解決の糸口が見えないまま児童・生徒や保護者との対応に追われることも少なくありません。目標も方向性も見えない無定量無際限な仕事状況は、人をいたずらに疲れさせ、強い無意味感を抱かせることになります。そのような働きかけに対する内面的な報酬が関わる相手からは得られず、また、周囲からも頑張っていることを認められないときには、徒労感を伴う多忙となり、燃え尽きを引き起こすことになりかねません。

燃え尽きへとつながる多忙の背景として、①過重労働、②裁量権の欠如、③役割の不明瞭性、④不十分な報酬、⑤価値観のズレといった問題が指摘されています[6]。

なかでも、職場の同僚や管理職との価値観のズレは、教師の意欲や熱意を喪失させる大きな要因です。なぜなら、価値観の存在によってはじめて、私たちの仕事に意味や方向性が与えられるからです。E先生のように、保護者への対応を巡って管理職との間で方針のズレが生じたり、問題行動を示す生徒への対応に関して学年集団での指導目標の共有が図られないまま、目先の問題への対応に追われるようになると、働くことの意味が見えなくなり、徒労感に襲われ、多忙な状況に持ち堪えることができなくなり、燃え尽きてしまうことになります。学校を取り巻く状況がめまぐるしく変化するなかで、日々生じる予測不能な新しい問題に対処していくためには、問題の理解の枠組みの前提となる価値観を根底から考え直さなければならなくなっているのではないでしょうか。価値観の齟齬をどう埋めていくかは難しい問題ですが、経験的には、価値観が近いと思われる同僚からはじめて、インフォーマルな場面も含めて対話の輪を広げていくことが大切なのではないかと思っています。

6 保護者とのトラブルがストレスとなる

事例 保護者からのクレームで、心身ともに疲れ果てた状態に

Ｆ先生は三八歳の男性教諭で、新任から農村部で三校を経験をした後、都市部の大規模校に転勤し、五年生の学級担任となりました。勤務校は教育熱心な親が多い住宅地にあります。一学期途中から、女子児童三名が禁止しているものを学校に持ってくる、授業中に出歩く、時には授業エスケープをするなどの問題行動を起こすようになりました。対応に苦慮しているうちに、集団での万引きも発覚しました。保護者の協力を得ることが必要と考え、当該児童の親を個別に呼んで話をしたり家庭訪問もしましたが、一向に改善されませんでした。一学期後半にはその三人に追随する児童も出てきたので、学級会で児童自身に考えさせたり、校長と相談のうえ保護者会を開催したりしました。しかし、保護者会では「男の先生なのだからしっかり締めてくれると期待していたのに」「担任はじめ学校の指導が悪い」と学校批判の会のようになってしまいました。Ｆ先生は弁解に終始するしかなく、「余所から来た新参者として、親に値

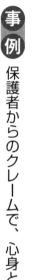

踏みされている」ような嫌な感じを抱きました。

その後、学年主任が中心になってF先生をサポートし、児童への様々な働きかけを行いましたが、クラスで何かしようとしてもその三人が中心になって「それ嫌だ」と言い出すと周りも同調したり、注意してもその場限りで効果がなかったりという状況で、学級全体の指導にも行き詰まりを感じるようになっていきました。真面目な児童の親からは「何とか早く学級を立て直してほしい」と苦情が寄せられ、「にっちもさっちもいかない」という気持ちが強くなり、疲れがとれずにだるい感じが続き、出勤したくない気分に襲われる日が多くなっていきました。

F先生は授業にも特別活動にも熱心に取り組み、熱意をもって子どもに接してきました。都市部の学校に転勤するまでは特につまずくことはなく教職の理想に燃えていましたが、この一年間は真剣に教師を辞めることを考えるようになったと言います。F先生は優しい性格で、子どもや同僚に対して強く出ることが苦手で、相談すると、相手の意見に必要以上に従ってしまうようなところがあります。

このときも、保護者の協力を得て問題を解決しようとしましたが、子どもたちの問題行動の背景にそれぞれの家庭の事情（離婚係争中であったり、経済的困窮など）が横たわっていたため、家庭訪問をしたり、保護者会を開いたりしたことが、その問題に無理に立ち入ろうとしているように受け取られ、かえって反発する保護者も出ることになってしまいました。必死に理解し解決しようと努力したことが、家庭に踏み込んだととらえられ、かえって裏目に出て、一層無力感に襲われたようでした。また、問題を抱え込むつもりはありませんでしたが、着任早々で他の学年の同僚教師などに相談する余裕もなく、結果として学年という枠のなかで抱えることになってしまいました。管理職が相談に乗ってくれたときもありましたが、学校全体の問題として取り組むという方針を出さずに内々に済まそうとしたことに、感謝しつつも納得のいかなさを感じていました。あくまでも学級の問題にとどめ、担任と学年主任だけに任せて解決を図ろうとした学校の閉鎖的体質が問題をこじらせてしまった背景にあると考えられます。

また、転勤直後ということも対応を難しくした一因としてあげられます。慣れない土地柄や学校風土の違いからそれまでの自分のやり方がうまく通じないときに、「少しでも早く周りの期待に応えてしっかりとしたクラスにしなければ」という焦りから子どもや保護者への対応が空回りしてしまうことは、F先生に限らず往々にして見受けられることです。そうなると、長期的に考えたり全体を見渡して行動することができなくなり、行き詰まりばかりが浮きあがって身体も心も疲弊してしまうことになりかねません。

結局一年間精神的に苦しい状況が続き、辞めたいという気持ちが常に頭から離れませんでしたが、当該児童が六年に進級したときに違う学年の担任になったことで気持ちが楽になったと言います。そのまま六年に持ち上がっていたら、教師を辞めていたかもしれないと今でも思っています。

考察

若い教師が自分よりも年上の保護者とうまく信頼関係を築けないというケースは以前にもありました。しかし、最近ではこの事例のように、中堅やベテランの教師、時には管理職までもが保護者対応に苦慮し、なかには休職や早期退職にまで追い込まれてしまう場合も少なくありません。教育委員会によっては、その現状を重く見て、支援チームを設置したり、保護者のクレームに対応する弁護士を雇ったり、教師向けのマニュアル作りや研修会を開催するなど様々な方策を講じていますが、トラブルが減少する気配は見えません。

子どもは家庭だけでも、学校だけでも育つものではありません。家庭と学校が連携して子どもの成長を援助していくことが求められています。ことに、小・中学生段階においては、保護者が児童・生徒に与える影響は大きく、教師にとって保護者との人間関係を築いていくことも、児童・生徒との関係を築くことと同様に重要です。しかし、日々の仕事に追われるなかで、保護者への連絡は、学級通信や連絡帳、あるいは電話といった間接的なものになってしまい、直接顔を合わせる機会は限られてしまいがちです。保護者の学校への期待や要望が多様化するなかで、これまで通りの指導方針では保護者との連携が難しくなってきているのも事実です。保護者から信頼感を得、実りある連携を築いていくことが、生徒指導上の問題解決の面からも、教師のメンタルヘルスの面からも大きな課題となっています。

教師が努力して保護者が望むような教師像に近づいたとしても、保護者からの要望や苦情が全くなくなるとは考えにくいと思われます。そのようなときにどう対処していけばよいのでしょうか、難しい保護者との対応をめぐって精神的に追いつめられないためには、何が必要なのでしょうか。

第一に、日頃から信頼関係の形成を図ることが大切です。

信頼関係とは「この人なら自分の思いや悩みを話しても大丈夫」という感覚をもつ関係です。そのためには、保護者の関心に寄り添って誠実に聴く（「傾聴」）ことが何より大切な姿勢です。そのうえで、次のような姿勢で具体的に対応することが信頼関係の形成につながります(7)。

①保護者への連絡はこまめに、ていねいに。

②初期対応が肝心、迅速かつ誠意ある対応を（後手に回ってからの不用意な説明は言い訳にしかとられかねない）。

③素早く的確に事実確認して、説明責任を果たす（問題が広がりを見せる場合には複数の教員で対応）。

④問題性が深いと思われる場合には、できるだけ「顔と顔を合わせる」ことを心がける。電

話や連絡帳による連絡はできるだけ避ける。

⑤具体的な対応策なしに「様子を見ましょう」は避ける。

第二には、教師と保護者が目標を一致させるように努めることが大切です。子どもの問題をめぐって、教師と保護者が目標を一致させることを怠るために混乱を招くことはよく見られます。そうならないように、まず保護者の訴えを明確にする（「何が問題なのか」）ことが大事です。訴えの根底にあるものが子どもの課題なのか、それとも保護者自身の課題なのかということを見極め、関わる距離を定めることが、教師が精神的に追いつめられないようにするうえで重要です。

そして、何よりも重要なことは、決して一人で抱え込まずに、組織的に対応することです。解決の見通しが見えると、私たちは動き出すことできます。解決できないように見える問題を解決できる問題へと変化させていくためには衆知を集めることが必要です。難しい問題には、キーパーソンを明確にし、一人で抱え込まずに役割分担して、学校をあげて組織として対応していくことが、問題解決のためにも、一人ひとりの教師のメンタルヘルスのためにも重要であると思われます。また、保護者の要求のなかには、学校の対応できる範囲を超えた問題が出てくることも少なくありません。学校だけでなく関係機関との連携も視野におさめながら、カウンセリング的な受容・共感の対応と現実原則に基づくリーガルマインド（法律的・指導的見地）による対応のバランスをとることも、これからの保護者対応で燃え尽きないためには必要なことであると思われます。

7 職場環境に戸惑いや閉塞感を感じる

事例 職場での疎外感から、ストレスが内に溜まっていく

G先生は、中学校の社会科教師として常に全力投球で生徒と正面から向き合い、職場でもリーダーシップを発揮し、多くの後輩から慕われてきた女性教師です。五〇歳を超えても教師としての信念と生徒への熱い思いを失わなかったG先生が、「部分的にはバーンアウトかしら」と言って、周囲に惜しまれながら、定年まで三年を残して教壇から去ってしまいました。G先生は、早期退職した理由として、社会科という教科の変質に失望したこと、子どもと保護者の急激な変化についていけないと感じたこと、そして、教師集団が変化してしまったことをあげています。

教師集団の変化について、G先生は、五〇歳を過ぎてから転勤した学校では、「教師間のまとまりが崩れて、バラバラになってきました。背景には組合の分裂もあって、職場がとても細かく分かれてしまっていたように感じました。そうしたら、そのことがすごく壁になって、何

かしようと思っても、ものすごくつながりにくさがあって、そのつながりにくさっていうのは、心のつながりにくさなんです、教師同士の。そこへもってきていろいろ強制されると、とても太刀打ちできない。私が保身も含めてふっと感じたのは、このままいったら生徒との間でトラブルが起こったときに誰も救ってくれないのではないかという思いでした。場合によったら懲戒免職ということもあり得るなと思いました。何か具体的にあったわけではないですけど、その学校だけではなくて最近の一般的な傾向なのではないかと。私の個人的な欠陥として、ねばり強くみんなと手をつないでやっていこうという意識が欠けているなということも思いました。学生時代に組織的にいろいろと動くということをやりすぎて、そのなかで反論していくとかということが、グループを結成してしまうとものすごく難しい。グループのなかで自分の違和感を表明するということがものすごくしんどかったのです。だから、教師になってからはそういう特定のグループに入って、お茶やお酒を飲んでつながるというつながり方はしないでおこうと思ってやってきました。そうすると、やっぱりつながらない。また、歳を重ねると余計つながることができない。表だった批判も受けない。肌と肌とをくっつけてつながるというつながり方ができないんですね。いろいろ起こってくる生徒指導の問題のなかに、身体を張ってまで入っていく体力がなくなっていく。家族の身体の不調もあって、ここらでいいかと思って。ちょうどそういうときに、三年生の担任をもって送り出して、これで責任を果たしたんじゃないかと思いました。ここでけりをつけたら後悔がないかもしれないと思ってしまったんです」と述懐しています。

「それと、管理職にならなかった年配の人間の生き方っていうのはなかなかしんどいものがあるなあとも思っています。自分はそう思ってなくても年下の管理職の方が年上だということを意識する場合もありますし。だから、ばばばーっと言わないでしょ。最近、教師同士がつながりにくいのではないかと感じています。職場のなかで、先生たち淋しがっていませんか？一人では何もできないのに、つながりをつけるのが下手。私もね。歳をとったらリーダーシップを発揮しなければならないのに、私はそれが苦手でね。『ここへ集まってください～』っていうのも嫌なんです」とも語りました。

「どうしたら、あと三年教師を続けることができたと思いますか」と尋ねると、「私には本音でものを言わないという悪い癖があって、誰にも、同僚にも、本音でものが言えないということがあるんです。いつでも格好つけているのかもしれません。それで、とくに新しい職場になったら、よけいそうなってしまったようです。余り本音のところは言わなくても、一〇年近くもいると、悪口でも、毒舌でも、笑ってすまされるようになるけれども、新しい職場ではそうはいきませんよね。転勤当初は、ひどいことを言われたこともあるし、結構ひどい目にあったこともあります。本気で辞めようか、これ以上いたくないと思ったこともあります。前の学校でも大変な目にあったことはあるけれど、辞めようとは思いませんでした。そのときには支えてくれる人もいたから。転勤したところは、支えるどころか、足を引っ張る人もいました。同じ価値観でものを話す人がいませんでした。ゼロというわけではないけれど、学年が違うと、違う学校にいるようなものですから。森毅さんがおもしろいこと言ってました。『教師なんてなんぼのもんなんや。大道芸人やないか』ってね。ただ、大道芸人と違うのは、ああここではやっていけないと思っても、簡単に筵たたんで、自分で違う場所を求めて行くことができない。それは苦しいところだと思います。その頃から家族の介護の問題も出てきて、それで筵をたたんで、店終いにしたわけです」と答えてくれました。

考察

G先生は、非行傾向のある生徒とも熱心に関わり、教科指導や生徒会活動、特別支援教育にも全力で取り組んできました。先生の真剣な働きかけに対して、時に衝突することはあっても、生徒から何らかの手応えを感じられる反応が返ってくることで、教師としてのやり甲斐を確認することができていました。ところが、五〇歳を超えて転勤した頃から、自分と生徒の思いがすれ違い、そうした手応えが得られなくなったと思われます。

それと同時に、職員室の人間関係が変質していったことも大きく影響したようです。

「心つながらぬことありありと知りながら『教師集団』と言いてさびし」。これは、G先生が在職中につくった短歌です[8]。教師のバーンアウトに関する調査（新井、一九九九）でも、教師にやり甲斐を失わせる最も重要な要因として、「生徒指導の困難性」と並んで、「孤立性」（同僚との協働性の欠如）が確認されました。G先生は、最後に転勤した学校で、それまでのようには周りのサポートを得られないと感じるようになっていきました。学年集団のなかで自分だけが孤立しているように感じて、弱音を吐いたり、自分の行き詰まっていることを相談する気持ちになれなかったようです。「べたべたした人間関係をもたずとも協働は可能」という信念と、ベテランと呼ばれる年齢からくる矜持から、周りの人に十分に心を開くことを潔しとしなかったのかもしれません。

教師の仕事は、授業をはじめとして本質的には個別の作業であるため、孤立や疎外を起こしやすいと思われます。そのため教師相互の協働が十分に確立されていない職場では、誠実で責任感の強い教師が過重な仕事を背負い込んだり、生徒との関係を第一義に考える教師が孤立感を深めていったりすることになりがちです。助け合える仲間がいないと感じる職場では、毎日が針の莚に乗っているようにさえ思えてきます。また、異質性の高い学校への転勤や学校内の組織の改変、教科の改組や校務分掌の変更、それらが当人の培ってきた専門性や存在意義を揺るがすような場合には、バーンアウトを誘発する要因ともなります。

G先生の語りから、教師が仕事への意欲を失う背景として、教師としてのアイデンティティや信念、内的なキャリア発達に関わる価値意識の問題と、学校に信頼的で協働的な教師集団がつくられているかどうかという人間関係の問題とが、極めて大きいことがわかりました。したがって、教師の「辞めたい」という気持ちを防ぐために重要なことは、学校に人間的なつながりをもった共同体（Community）的性格をもたらすことと、個々の教師の認知（Cognition）を柔軟なものにしていくということの二点であると思われます。これら二つのCを実現していくためには、次の三つのCを具体化していくことが必要なのではないでしょうか。

第一に、Collaboration（＝協働性）ということです。協働とは、「異なる専門分野の人間が共通の目的のために対話し、新たなものを生成するような形で協力して働くこと」です。学校秩序を維持するための同調主義ではなく、教師個人個人の意見を尊重しつつお互いの連携を追求していくことを意味します。

第二に、Collegiality（＝同僚性）です。課題解決過程を共有する職場の仲間の支え合い、つまり、「職場でお互いに気楽に相談し・相談される、助ける・助けられる、励まし・励まされることのできるような人間的な関係」のことです。

そして、第三に、それらのベースとしてのCommunication（＝語り合い）です。支え合い、連携し合うために、話し合い、相談し、知恵を出し合うことが職場を活性化し、個々の教師の考え方や気持ちを楽にしていく土台になるのではないでしょうか。

本音の対話に基づく協働が実現され、教師一人ひとりの負担が減って、生き生きとした笑顔が職場を包むようになれば、G先生のような優れた教師が教壇から去らなくてもすみ、教師も子どもも生きやすい場へと学校が変わっていくのではないかと思っています。

8 上からのプレッシャーが大きな負担となる

事例 管理職からの嫌がらせに耐えられなくなる

H先生は四九歳の女性教師で、特別支援教育に熱心に取り組んできたベテランです。隣の小学校に転勤した際に、校長から、「今年度、特別支援教育コーディネーターは表向きI先生にお願いすることにした。ただ、保護者から指導方法にクレームがあったこともあるので、特別支援学級担任としてこれからも仕事ができるように、その人を助けて補佐をしてほしい。仕事の分担は先生が思うようにやってくれたらいい」との依頼を受け、また、教育相談主任と道徳主任も務めることになりました。

担任した児童は自閉症で、一年生のときは思うようにならないと叩いたり、暴れたりすることがよくあったとの申し送りがあり、二年生の出会いから数日で身体に痣ができる状態だったようです。しかし、試行錯誤で奮闘した結果、暴力も随分と少なくなっていきました。その児童は、他の特別支援学級の児童ともよくトラブルを起こし、他の担当者からはわがままだと捉えられ、認められることよりも大きな声で叱られることのほうが多く、特別支援学級の全児童が集まる場所には行けなくなってしまいました。また、国語と算数以外は現学級で授業を受けていましたが、小規模校であったため、各教室と職員室が近く、クラスメートとのトラブルがあったり、学習がおもしろくないと思ったりすると、職員室に走って来て机の下に隠れるようなこともよくありました。また、職員室にある印刷機、事務用品、教材などに興味を示して教室に帰ろうとしないこともありました。危険を伴い毅然と叱る必要のある問題行動も起こしましたが、それ以外の不適切な行動に対しては、注目するとかえってその行動が増加する傾向にあったので、じっくり待ったり適切な行動をしたときにほめたりすることを大切にするように他の先生への協力を求めました。しかし、職員室にいることの多い管理職（教頭と主幹教諭）からは、仕事ができなくなるからもっと厳しい指導をするようにとの注意を受け、他の児童の指導のためにすぐに職員室へ行って当該児童への対応をすることができないときなどには、嫌みを言われることもありました。夏休みに他校の特別支援教育の研修会講師として招聘されたのでその許可を求めると、教頭から「自分の学校よりも他校のほうが大事なのですか」と言われ、「主幹教諭に相談してから申し出るように」と指示されました。事情を説明し、何とか派遺許可を得ることができましたが、嫌な気持ちが澱のように心に残りました。

そのような状況のなかでも、当該児童は一学期の終わり頃から様々な行事に少しずつ参加できるようになり、好ましい変化も見られるようになりました。ただ、児童精神科医からは集団行動で無理をさせることは避けてほしいとの指示もあり、また保護者の意向も受けて、全員参加の炎天下での運動会の練習に出なかったり、体育館での長時間の文化発表会に参加しなかったりすると、教頭をはじめ数人の先生から非難されることもありました。当該児童に無理に強制することがプラスに働かないことを、児童精神科医の言葉を以て説明しても、受け入れられない状況でした。

二学期の終わり頃、放課後いつもより早く教室から職員室へ戻ると、なかから、教頭と主幹教諭がお茶を飲みながら、「Hは生意気だ」とか「どうしようもない」と話している声が聞こえてきました。その後、自分の教室を教頭が監視しているように覗いていることがあったり、周りの同僚も以前に比べると自分と話をしなくなったと感じるようにもなりました。教頭からは、当該児童への指導をめぐって、「甘やかしすぎだ」「ここが足りない」「あれをやれ」と必要以上に事細かに注意が繰り返され、挙げ句の果て、「最低の教育技術もない」「最低の情熱すらもっていない」との言葉を浴びせられ、「もうやっていられない」と心の底から思い、校長に窮状を訴えましたが、「調べておく」という言葉だけでした。H先生はいろいろな役職のために勤務時間が一〇時間を超えることも少なくなかったにもかかわらず、校長からねぎらいの言葉をかけられることもなく、その後一向に手を打つ気配も見られないことから、一〇年を残して早期退職することを決意し、三月末までの三か月間を粛々と仕事をこなして過ごすようになりました。

考察

厚生労働省（二〇一二）ではパワハラの類型として、①身体的な攻撃（暴行や傷害）、②精神的な攻撃（侮辱や暴言）、③人間関係からの切り離し（隔離や無視、仲間外し）、④過大な要求（業務上明らかに不要なことの要求）、⑤過小な要求（仕事を与えない）、⑥個の侵害（私的なことへの過度の立ち入り）をあげています[9]。H先生の場合は、嫌がらせという範囲での②と、あくまでも可能性ですが③、さらに職務上の行為ではありますが、専門的な知見を無視して無理な対応を強制する④に該当する、教頭によるパワハラととらえることができます。

背景には、職員間の人間関係に影響力を強めようとするボス的な存在の教頭が、職員のなかにスケープゴートを生み出すようないじめの構造をつくり出していたように思われます。すぐ側にいる同僚が管理職から責められて落ち込んでいても、自分は協力を得られていると感じている場合には、「孤立しているのはむしろその落ち込んでいる人の性格や能力の問題だ」としてすましてしまうことが少なくありません。しかし、孤立していることを個人の問題に還元して処理しているうちは、職場の真の協働体制を実現することは難しいように思います。誰かを仲間はずれにして職場の凝集性を高めようとすると、次にまた落ち込む人をつくってしまうという繰り返しになるからです。H先生が苦しんでいるのに助けてもらえないと本人が感じてしまう職場の人間関係の構造にこそ問題があると、職員一人ひとりが自覚するところから解決への一歩がはじまると思われます。

また、教頭や主幹教諭の意識のなかに、H先生への嫉妬が働いていたことも考えられます。市や県の特別支援教育の役職にあったため、転勤早々出張依頼が来たり、県外からも講師依頼を受けたことを、職場の凝集性を乱す行為としてとらえ、制裁意識と嫉妬とが混じり合いパワハラにつながっていったと考えることもできるのではないでしょうか。H先生は、辛い状況でも我慢して問題と正面から向き合うタイプで、新しい職場で「痣をつくってまで」頑張るのに、その努力が通じないジレンマから、周囲との溝を深くしてしまった側面も否定できません。教頭から執拗にプレッシャーをかけられ、自分のやり方を否定されたことに戸惑い、年齢的な曲がり角から生じる焦燥感とも重なり、燃え尽きていたと言っていい状況に陥り、早期退職を決意するところまでいってしまったのではないでしょうか。

問題は、この事例における校長の対応です。H先生がサポートを求めたにもかかわらず、必要としている適切な対応が何なのかを理解することができず、困難を乗り越える力を与えるところか、むしろ意欲を削ぐような結果を生んでしまいました。校長が、管理職である教頭や主幹教諭からの情報のみを鵜呑みにして、H先生の心の叫びに耳を貸さなかったことが背景にあるのではないかと考えられます。校長が公平・公正な立場に立っていないと感じたときに孤立感を深め、幻滅感の増大とともに意欲が喪失され、バーンアウトへ陥っていったと考えることができます。

校長が先ず第一にやるべきことは、被害者であるH先生の状況について認識し、早急に対応することです。教頭から能力や人格を否定され、自尊心を傷つけられ心身ともに消耗しているH先生をねぎらうとともに安全を確保し、残されたわずかな力を振り絞ってパワハラを申告したことを考慮して早急に対応することが求められます。この事例のように不誠実で無関心な態度をとることは最も避けるべきことであり、学校管理者としての職場環境配慮義務や安全配慮義務が問われることにもなりかねません(10)。

第二に、パワハラの背景にある加害者の心理を読み取ることも重要です。加害者の心の深層には、不安や葛藤、劣等感、欲求不満などが潜んでいることが少なくありません。涌井(二〇〇九)は、パワハラの加害者のタイプとして、①支配性が強く、人を思い通りに動かさないと気がすまないタイプ、②他者への共感性が欠如し、自己愛を満足させるために加害行為を繰り返すタイプ、③自信がなく脆弱な自己を守るために、部下を攻撃するタイプ、の三つをあげています[11]。この事例の教頭は、①と③の混合タイプと考えることができます。そのような視点から加害者の心理的特徴を理解することは、対応の方向性への示唆を得るだけでなく、パワハラの未然防止にもつながると思われます。

学校組織における成果主義に基づく評価システムの導入、鍋ぶた構造からピラミッド構造への変化のなかで、校長をはじめとする管理職はこれまで以上にパワハラを意識し、教職員が安心して働ける環境を整備するために職員の声を幅広く吸い上げ、情報の偏りをなくすような双方向のコミュニケーションを心がけることが求められているのではないでしょうか。

（本章で取り上げた事例の内容は、個人のプライバシー保護の観点から、修正を加えたり、複数の事例を合成し、作成したものです）

引用・参考文献

(1) 国立教育政策研究所編『教育環境の国際比較・OECD国際教員指導環境調査（TALIS）二〇一三年調査結果報告書』明石書店、二〇一四

(2) Maslack C., Jackson S.E.（1981）The measurement of experienced burnout. Journal of Occupational Behariour, 2, 99-113

(3) 新井　肇『「教師」崩壊　バーンアウト症候群克服のために』すずさわ書店、一九九九

(4) 田尾雅夫・久保真人『バーンアウトの理論と実際―心理学的アプローチ』誠信書房、一九九六

(5) 園田雅代「教師のためのアサーション」（園田雅代・中釜洋子・沢崎俊之編『教師のためのアサーション』金子書房、二〇〇二）

(6) Leiter M. P., Maslach C.（2005）Banishing Burnout : Six Strategies for Improving Your Relationship with Work（増田真也・北岡和代・荻野佳代子訳『バーンアウト　仕事とうまくつきあうための6つの戦略』金子書房、二〇〇八）

(7) 新井　肇「保護者との対応で燃え尽きないために」（『学校と保護者の関係づくりをめざすクレーム問題　セカンドステージの保護者からのクレーム対応』pp. 87―98、教育出版、二〇

一三）

(8) 新井　肇「もうやってられないと言えば様になる?:早期退職に逃亡のにおいす　定年を前に教壇を去った教師へのインタビューから」（月刊『生徒指導』二月号、pp.23―31、学事出版、二〇〇六）

(9) 厚生労働省「職場のいじめ・嫌がらせ問題に関する円卓会議ワーキング・グループ報告について」、二〇一二

(10) 新井　肇「パワハラが起きたときの対応策」（月刊『教職研修』五月号、pp.89―91、教育開発研究所、二〇一二）

(11) 涌井美和子『職場のいじめ防止とパワハラ防止のヒント』経営書院、二〇〇九

・新井　肇「教員の職務環境の変化と教師教育の課題―生徒指導をめぐる状況を中心に」（『学校教育研究』第二九号pp.57―69、二〇一四）

・新井　肇「教師のメンタルヘルス―その実態と課題」（『児童心理』第六八巻第一二号pp.1―10　金子書房、二〇一四）

・新井　肇「教師が自信を失うとき」（『児童心理』第六八巻第一号pp.113―118、金子書房、二〇一四）

第3章 「辞めたい」状況から抜け出るには

❶ 抜け出るための具体的な方策は

授業や生徒指導に対する自信を喪失したり、難しい保護者への対応で悩んだり、職場の人間関係で苦しんだりすることは、程度の差こそあれ、教師であれば、誰にでも起こり得ることです。しかし、第二章で見てきたように、教師として子どもの前に立つ自信が砕かれ、教職そのものへの意欲が失われた結果、「教師を辞めたい」という思いを抱くまでに追いつめられる場合もあります。そのような状況に教師を追いつめるものは何なのか、また、そこから抜け出るためにはどうしたらよいのか、ということについて考えてみたいと思います。

❷ 教師を、「辞めたい」気持ちに追いつめるもの

教師が、仕事に対する無力感や無意味感、あるいは否定的な自己概念を抱き、「辞めたい」という思いに陥っていく背景には、何があるのでしょうか。

一つには、教師の個人的な行動特性に関わるパーソナリティ要因が考えられます。挫折や危機から抜け出すことを妨げる性格特性として、次のようなものがあげられます。

①タイプA性格特性（仕事に対して競争的で、目標達成志向が強く、他者に対して批判的・攻撃的になりやすい）
②神経質型性格特性（自己の信念ややり方に固執して、柔軟性に欠ける）
③自己抑制型性格特性（自己主張や批判を避け、集団維持に重きを置き、他者の期待に応えようとする）

二つ目は、「自分は教師に向いていないのではないか」という教職意識の揺らぎです。

④生徒指導困難性（児童・生徒への指導や保護者対応などに関する自己効力感の低下）
⑤教職適性感の低下（教師としてのアイデンティティの揺らぎや職業適性感の低下）

そして、三つ目は、教師間の人間関係を中心とした職場の組織要因です。

⑥多忙（校務分掌や教師数の不足から生じる労働過多による業務負担感）
⑦管理職との葛藤（管理職との共通理解の不足や管理職との意見の対立による葛藤）
⑧孤立（教師集団におけるコミュニケーションおよび共通理解や心理的支持の不足から生じる同僚からの孤立感）
⑨非協働性（職場の同僚が協力的でなく、チームワークの欠如から生じる非協働感）

第二章で取り上げた事例からも、教師に「辞めたい」気持ちを抱かせるものは、教師個人の心理的性格に由来するものというよりも、むしろ教師が置かれた学校組織環境の特質から生じるもの、もしくは、性格特性および教職意識の揺らぎなどの個人的要因と学校の組織的特性との相互作用から生じるものが多いように見受けられます。実際、離職につながる教師のバーンアウトについて、「特定の個人の問題ではなく、教師の置かれた学校組織環境の特殊性や現代社会の抱える問題から生じるもの」であるという指摘もあります(1)。

では、「教師を辞めたい」という状況から抜け出るにはどうしたらよいのでしょうか。

❸「辞めたい」状況から抜け出るための具体的な方策は

教師は、子どもたちにきめ細かく関わることを要請されることもあり、理想に燃えたタイプは子どもからも、保護者からも歓迎されます。ところが、理想主義的信念の強い人ほど、現実の困難に遭遇すると、行き詰まりを人一倍強く感じてしまいがちです。そうならないためには、先ず第一に、自分自身の心の危機に気づくことが大切です。

危機状態は「人が大切な目標に向かうとき障害に直面し、それが習慣的な問題解決の方法を用いても克服できない場合に発生する一定期間の状態」と定義されます(2)。教師にとっての目標が「教育活動を通した子どもの成長支援」とすると、それまでできていた教育活動がうまくいかなくなり、改善の手立てが見つからずにもがいているときには、「危機に陥っている」ととらえることができます。

しかし、教師は自分が危機状態に陥っているという自覚をもてない人が多いようです。何とか克服しなければと無理な努力を続けることはエネルギーの枯渇につながります。しかも、一気に減るのでなく徐々に減っていくため、自分では気づきにくいのです。消耗感や身体症状、人間関係の悪化などが少しでも自覚されたら、まず、心のエネルギーを補充する必要があります。心の危機を自覚し、セルフケアすることが、「辞めたい」状況から抜け出るための第一歩です。

危機が自覚されたら、専門家によるカウンセリングや医療的ケアの必要性が考えられます。カウンセリングや医療の助けを借りて少し寄り道をし、より豊かな感性をもつ教師として復帰してくるケースも少なくありません。ですから、普段から、心の危機のサイン（うつ状態のサインなど）に気づくことができるよう、心の健康理解に努めることが大切です。また、「様子が心配」「休んで医者に行ったら」という周囲の声に耳を貸すことも大事なことです。

次に、対児童・生徒や保護者、対同僚や管理職、という学校の人間関係や組織風土などの環境要因に由来する危機については、協働的な生徒指導をめざす教師集団づくりと教師間の人間関係の改善が鍵になります。難しい保護者や児童・生徒との関係で悩むとき、授業や学級経営がうまくいかずに苦しむとき、お互いがお互いを孤立させずに、協働意識で具体的に協力し合うことができるかどうか、職場にソーシャルサポートがあるかないかが、「辞めたい」と「辞めない」を分かつ岐路になるのではないでしょうか。

「具体的に協力し合う」というのは、情緒的、心情的な支援にとどまらず、一緒に汗を流して作業を共にすることを通じて、教育の仕事における感動や喜び、達成感を共有することです。そのためには、教師相互、および教師と管理職が、問題を解決するために話し合い、職場のサポートシステムの構築や雰囲気の改善に努力し、問題解決に向けての積極的なアプローチを協働で進めることが、何よりも必要です。具体的には、スクールカウンセラーによるコンサルテーション、管理職や先輩教員による教育活動へのスーパーヴィジョン、問題を抱えた子どもや保護者に対するチーム支援など、実際に機能する学校体制の確立が求められます。

次に、「辞めたい」と思うほどの危機に陥ったときの乗り越え策としてどのようなものがあるのかを、事例をもとに考えてみます。

1 「自分のせい」だと過度に思い込まない

事例 弱音を吐くことが、危機を乗り越える第一歩

中学校で国語を教えるI先生は、三校を経験し一六年目を迎る中堅の女性教師です。これまで一五年間、どの学校でも、教科指導や部活指導(吹奏楽)、学級経営に熱心に取り組み、教師という仕事に手応えも自信も感じていました。しかし、二年生の担任となり、はじめて、手に負えない指導不服従の生徒と出会いました。

その男子生徒は、小学校のときから問題視されていましたが、一年のときは保健体育の男性教師が担任で、おとなしく過ごしていました。しかし、力の強そうな男性教師の前では借りてきた猫のようにしているのに、女性教師の前では傍若無人に振るまいます。教室のなかでも、他の生徒に暴言を吐いたり、暴力的な行為をすることもあり、学級全体が落ち着かなくなっていきました。他の生徒と良好な関係が保てないその生徒を、何とかクラスのなかに溶け込ませようとして、あらゆる手を講じてみましたが、どれも功を奏しませんでした。

Ｉ先生は、「自分が担任となった途端に、一気に手のかかる生徒になってしまった」と悩みました。「担任である自分が、一人の生徒を指導できずにいる」状態を、悔しく、また、許せなく思いました。同時に、「他の生徒にも嫌な思いをさせている、申し訳ない」という思いで胸がいっぱいになりました。そして、「女性であるというどうしようもできない部分も含めて、すべては自分の責任である」と、自分を追いつめていきました。

教室では、その生徒の言動に自分の感情が振り回され、常に張り詰めた緊張状態に置かれていました。職員室でも、もともとは周りと和気あいあいとやっていくことが好きなＩ先生でしたが、学級がうまくいっていないことを正直に言えなかったため、同僚の先生との間に自分から垣根を作ってしまいました。「何で私が担任なの。大変なのはわかっているはずなのに、誰も助けてくれない」と孤独感と不信感とが募っていきました。食事もおいしく感じられず、食欲も落ち、眠りが浅くなったり、朝起きるのが辛くなったり、身体に変調も来すようになりました。

Ｉ先生は、家でも学校のことが頭から離れなくなり、悶々とした日々を送っていました。しかし、放課後の掃除のときに、被害を被っていると思っていたクラスの女子生徒から、「先生、具合、悪くない。みんな心配しているよ」と声をかけられ、ハッとしました。「教師とはこうあるべき」という自分の思い込みにだけとらわれて、「生身の人間としての思い」に正直に向き合ってこなかったのではないかと、気づかされました。

「もういい。彼を何とかしようと思うのはやめた。批判的に冷ややかに見ていると思ったクラスのなかにも心配してくれている子もいるんだ。担任だけが必死で性急に頑張るのではなくて、生徒たちと一緒に考えながらやっていこう。彼を何とかすることができなくても、少なくとも周りをもっと大切にしよう」と開き直ることができました。I先生は、同時に、同僚に「自分の手には負えません」と宣言しました。その後、少しは余裕をもって、当該の生徒と接することができるようになりました。余裕をもって接すると、その生徒の悪い面ばかりでなく、良いところも少しずつですが見えるようになってきました。適切な行動に対しては、自然にほめ言葉も出るようになり、ギクシャクした関係も徐々に改善の方向に向かっていきました。また、学年の先生の協力を得ながら、学級の立て直しを図ることもできました。

考察

この事例においては、「自分が努力すれば何とかなる、自分だけで何とかできる」と過信していたところから「自分にはできないこともある。時間がかかるときもある。他の助けが必要なときもある」という考えに至ったところに、危機を乗り越えるための鍵があったと思われます。

教師は自分の限界を知りつつ、できるところで精一杯子どもに関わっていくことが大切なのではないでしょうか。専門性とは、「自分のできないことが何かを知っていること」だと言われます。自分の限界を知らずに万能感を抱いて子どもに関わることは、「共倒れ」という最悪の結果を招きかねません。そうならないためには、難しい問題にはチームで、時には周りの子どもの力も借りながら、関わることです。問題を一人の教師が抱え込むのでなく、できるだけ多くの教師が組織的に関わることで、柔軟な生徒理解やていねいな対応も可能となります。自分の理想とかけ離れた状況であっても、ありのままの現状をさらけ出すことは、自分自身のためだけでなく、ひいては子どものためでもあるのです。

子どもたちに豊かな人間関係を求める前に、教師自身が「三人寄れば文殊の知恵。一人でできないことも、チームであたれば何とかできる。先生だって困ったことがあればどんどん相談する」と協働することの有効性と楽しさを理解しておくことが大切だと思われます。チームには、いろいろなタイプの人間がいたほうがよいのではないでしょうか。野球のチームが四番バッターだけでは立ちいかないように、教師の世界も様々な個性の人間がいるほうが集団としての力を発揮することができます。おとなしい先生、怖い先生、お茶目な先生、しっかりした先生、失敗するけれど頑張る先生……。いろいろな教師がいて、相互に認め合い、信頼し合い、多様性を容認するような温かい世界をもつこと、そして、できればそれを子どもたちに示すことが大切だと思われます。

誰かが「大変だ、しんどい」と声を出すことが、時には必要です。そうしないと各自がバラバラになって、悩みを抱え込みながら孤立感を強めるだけの職場になってしまいかねません。頑張って、頑張りすぎて限界に近づく前に、素直に「しんどい」と言える温かい職員室の人間関係をつくることが、辞めたいと思うほどの危機を乗り越えるための第一歩となるのではないでしょうか。

2 自分の状況を、もう一度俯瞰的な視点で見てみる

事例 今の自分を見直し、他の先生から協力を得られることを探す

J先生は、一〇年目を迎える小学校の男性教師です。二学期半ばに、五年生の一学級が学級崩壊状態になりました。兆しは一学期からありましたが、表面化してきたのは一一月に入った頃からです。担任への嫌がらせや授業妨害が激しくなり、女子児童間でのネットの書き込みをめぐるいじめ問題も発覚しました。複数体制で担任を支えてきましたが、三学期に入ると身体の不調からその担任は病気休職となりました。そこで、図工専科で生徒指導主事と研修主任を兼ねていたJ先生が、かけ持ちで担任代理となりました。

学年を中心に、管理職、特別支援教育コーディネーター、スクールカウンセラーとともにケース会議を何度ももちましたが、いったん崩れた学級集団を立て直すことは、困難を極めました。「子どもと話ができるから」「先生なら何とかなるから」と周囲から期待され、また、本来の校務分掌もこなすことが当然という雰囲気のなかで、精神的なプレッシャーが重くのしかかってきました。

保護者からの「早く立て直しを」という要求も強まり、「早く何とかしなければ」という焦燥感にも襲われました。現状を知ってもらおうと保護者会を開きましたが、十分な協力を得ることはできず、保護者のなかには学校への不信感を露わにする人もいました。「生徒指導主事でも、あの程度か」と見られているのではないかという思いも、焦る気持ちに拍車をかけました。J先生はもともと責任感が強いため、うまくいかないことで自分を責めたり、自分の非力さを思い知らされたようで落ち込んだりもしました。また一方で、思うように動いてくれない児童たちへの怒りの感情も湧いてきました。

ケース会議で話し合いをしていても、上から目線で助言されているように感じ、「それができないから困っているんだ、もうとっくにやろうとしたんだ」などと、すぐに感情が高ぶり、相手を責めたり、非難したりして、後から後悔することもよくありました。耳鳴りや頭痛、持病の腰痛もひどくなり、朝起きるのが辛くなっていきました。J先生は、「ここで踏んばらないと」という気持ちと、「もう投げ出したい」という気持ちとの間で揺れ動いていました。しばらくは渦のなかに巻き込まれているようで、どうしたらよいのかわかりませんでした。しかし、一度立ち止まって、自分を翻弄している渦がどのようなものか、あらためて見てみようと思うようになりました。一人の保護者から「先生、本当に大変な学級を担任してくれてありがとうございます。担任してもらっているだけで感謝しています。頑張りすぎて、つぶれないでくださいね」と心配そうに言われたことが、「クラスが落ち着かないのは、私の力が足りないからではない」と、少し肩の力を抜けるきっかけになりました。

J先生は、自分の優先すべきことは何かを考え、周囲に自分の考えをはっきりと伝え、できないことは断るようにしていきました。また、思いつきで動かず、必ず他の先生に相談するように心がけました。学級の問題をケース会議だけでなく、職員会議でも取り上げて、全体で考えてもらうようにしました。そうすることで、J先生の学級や分掌の動きに関心をもつ人が増えていきました。ねぎらわれたり、励まされたりすることもあり、そのおかげで、「もう少し頑張ろうという気持ちになった」と、J先生は言います。

子どもたちに対しては、逃げずに話をすることにしました。クラスを良くするにはどうしたらよいのかと問いかけ、一人ひとりに考えさせるようにした結果、少しずつ子どもたちにも変化が見えてきました。、あきらめずに子どもたちと向き合うことができるようになると、逆に、

「先生、学校、来るの楽しくなったよ」と、子どもたちから励まされることもあり、それが心の支えになったようです。

考察

教師の仕事は範囲がはっきりしていないために、熱心な教師ほど、自分の限界を超えてまで仕事をやってしまおうとする傾向が見られます。また、学級経営などの実践の成果を測る客観的な基準がないため、子どもはもとより、同僚や上司、保護者など、すべての人から良い評価を得ようとして頑張りすぎ、疲れ切ってしまうこともあります。

「真面目で、熱心で、仕事ができる」と言われる教師の特徴は、多くの仕事を引き受けてひたむきにやり遂げようとする、妥協を許さない完璧主義、理想主義を抱きやすいところに求められます。このような教師のなかには、「子どものため」と思いながら、「自己の達成感の充足のため」に、オーバーワークになりながらも、ひたすら仕事に励んでいるという場合も見られます。そうなると、全体の状況をつかんで、問題解決の方向性を見出すことが難しくなり、身動きがとれない状況に陥ってしまうことになります。仕事に没頭するあまり、余裕を失っているときには、「鳥になったように、俯瞰的に自分の置かれている状況を眺めてみる、今の自分を振り返ってみる（モニタリング）」ことが必要です。

この事例において、J先生が「渦に巻き込まれて」というのは、まさにそのような状況を指しています。自分の仕事を見直して優先順位をつけ、他の先生からの協力を得られるところを探そうとしたところに、苦しい状況から脱出する糸口があったと思われます。

これからの教師の力量形成を考えたとき、「知識として何を学ぶか」に加えて「経験から学ぶ思考過程はどうすれば身に付くか」(3)ということへの視点の広がりが重要であるように思われます。生徒指導や学級経営の領域においては、いつ問題が生じるかわからず（偶発性）、発生後は即座に対応しなければならず（即時性）、指導が入るかどうかは個々の教師と児童・生徒の関係性によるところが大きい（個別性）という側面があります。そのため、教師は常に緊張にさらされることになります。また、対面状況での即興的なセンスも求められます。個人の経験や勘に頼る生徒指導・学級経営が進められてきた所以です。

しかし、問題行動に即座に対処する応急的な場合でも、学校としての指導の原理・原則をもって臨まなくては、学校全体に混乱を招きかねません。特に、「わかりにくさ」を伴う最近の児童・生徒の課題に取り組むには、児童・生徒理解と対応の基本方針について、理論やエビデンスに基づいて教師間で共通理解しておくことが不可欠です。そうでないと、組織的な生徒指導は機能せず、個々の教師の消耗感だけが募っていくことになります。

今後、教師一人ひとりが、自らの実践を対象化し生徒指導の実践事例を蓄積したうえで、教師同士の学び合いを通じて、臨床的な知としての理論が生み出されることが望まれます。実践がつくられた過程を批判的に吟味し、自明と思われる価値観や信念をも分析の俎上に乗せる態度に基づく実践知です。その知を基盤に、実践者自らの「省察」が進められることにより、教師一人ひとりの成長が促されるのではないでしょうか。それは、教師の専門性の向上とともに、メンタルヘルスの向上にとっても不可欠なものと思われます。

3 「自分への期待」を現実的なレベルのものにする

事例 今できることを少しずつ上げていくことが状況の打開に

K先生は、難関と呼ばれる有名大学を卒業して三年目を迎える女性の中学校教師です。管理職からも期待されていることが、周囲にも伝わってきます。それに応えるかのように、自分の時間を犠牲にしてでも、生徒のために教材研究をしたり、部活動指導に取り組んだりする頑張り屋です。二年目に一年生の担任となりましたが、厳しい先生が学年主任で、学年全体がピリッと締まっている状態でした。K先生は生徒のお姉さんという感じで、厳しく指導しつつも、英語の授業では生徒たちと楽しく学び合うことができていました。

二年目に入り、そのまま二学年の担任となりました。一年のときの学年主任は転勤し、別の学年に所属していたベテランの穏やかな先生が新たに学年主任になりました。クラス替えで、K先生のクラスには以前から問題行動を起こす生徒が入っていました。しかし、自分のクラスだけでなく、他のクラスにもそれぞれ配慮の必要な生徒がいたため、「ちょっと困ったなあ」と不安がよぎったものの、「でも、何とかなる」と、それほど深刻に考えませんでした。クラスのメンバーも一年からだいぶ替わりましたが、一年生のときと同じように、ルールを徹底することでクラスの安定を保つという方針で学級経営を進めていきました。しかし、生徒が徐々に反発するようになり、「何とかしなければ」と必死になればなるほど、泥沼化していきました。

K先生は柔軟な対応が苦手です。同じ学年の同僚にも相談してみました。しかし、同僚は、頻繁に友だちと諍いを起こし、教師にも横柄な態度を取る当該生徒への対応の大変さに耳を傾け、時々、アドバイスはしてくれましたが、自分のやり方を否定されているように感じてしまい、前年度のやり方を変えることはできませんでした。そうこうしているうちに、クラス全員がそっぽを向くような状態になってしまいました。

また、保護者からも、「細かなことに厳しい指導をしすぎる」と、K先生を批判する電話が何回か管理職に入るようになりました。そのことで、校長先生から指導を受けましたが、「自分としては、昨年度と同じことをしているだけなのに」と、折り合いのつかない気持ちでした。

徐々に、生徒のなかにも、保護者のなかにも、誰も味方がいないと思うようになり、生徒に気を遣っているような、おどおどした状態になってしまいました。ある日、同じ学年の先輩教師から職員室でやや高圧的な指導を受けていると、涙が止まらなくなってしまいました。

K先生は、週に一回来校するスクールカウンセラーに、勇気を出して相談することにしました。最初は、なかなか自分の気持ちを出すことはできませんでした。それでも、面接時間が終わる頃には、自分の気持ちをわかってくれる、今の頑張りを認めてくれると思えるようになり、困っていることを一緒に考えてもらおうという気持ちになりました。

スクールカウンセラーと一緒に考えるなかで、ともかく自分のできていることを確認すること、また、当たり前と思っても生徒ができていることを認めて、言葉に出して伝えることが、宿題となりました。生徒を認めることができたら、その回数をノートの隅に書いていくようにしたことも、自分の励みになりました。また、「学校のなかで信頼できる人は？」と問われて名前をあげると、「その先生の授業を参観させてもらったら」と言われました。その後、授業参観がきっかけとなり、その先生に食事に誘われることもあり、一人住まいのK先生はほっとできる時間を久しぶりにもつことができました。その先生と話しているうちに、「若いんだから、うまくいかなくて当然」と思えるようにもなりました。K先生はさらに、学年全体で生徒と面談する時間をもつことをスクールカウンセラーから提案され、受け持ちの生徒との面談は少し怖い気もしましたが、提案通り、面接をやってみることにしました。一人ひとりと話すなかで、みんながそっぽを向いているのではなく、いいクラスをつくろうと考えている生徒が少なくないこともわかりました。反発している生徒も、話してみると、家庭で大変なことを抱えていることも話してくれ、以前のような苦手意識は少し減っていきました。

まだまだ、しっくりいっているとは思えない状況ですが、クラスや生徒一人ひとりの小さな変化を見つけて、週に一回スクールカウンセラーに報告することで、K先生は自分自身を振り返ることができるようになりました。また、先輩教師の授業を見せてもらうことで刺激を得たり、そのあと少し相談したりすることもできるようになり、涙が出ることはなくなりました。

考察

要求には、自分自身の内的要求と周りからの期待という外的な要求があります。両者の要求水準が高い人ほど、強いストレスにさらされる可能性が高くなります。自分の理想の正当性に対する思い込みが強く、客観的に自分をとらえることが苦手な場合には、適切な現実対応を行うことができなくなることもあります。

しかし、教育の現場に理想をもたない人材が多くなれば、子どもや保護者への働きかけの質の低下は免れません。人に対する仕事は、理想を求め、深いところでの対象への自我関与なしには質の向上が期待できないという側面をもっているからです。ここに、教師をはじめとして対人援助職特有のパラドックス（逆説）があります。

「高い要求水準によって生じるストレスのエネルギーと集中力を使って仕事に頑張ろうとする行動特性」をさしてタイプA性格特性と言います。その特徴として、次のような特徴をあげることができます[4]。

①自分が定めた目標を達成しようとする持続的な強い欲求
②競争を好み追求する傾向
③永続的な功名心
④時間に追われながらの多方面にわたる活動
⑤身体的精神的活動を常に速めようとする習癖

ただ、日本人のタイプA行動パターンについては、アメリカ人では「攻撃性」「精力性」が優勢であるのに対して、日本人では「仕事に対する熱心さ」が優勢であるという指摘がありま す[5]。欧米での「仕事に対する熱心さ」が業績達成志向に裏づけられたものであり、「攻撃性」の表現であるのに対して、日本人の仕事中心主義は組織や職場に忠誠を尽くすといった性格のもので、周囲の人間に歩調を合わせ、そこから自己の存在を確かめるといった自己抑制型の性格特性との親近性が強いというのです。

タイプA人間、特に日本的なタイプAは、自己を犠牲にしてまで秩序を守ろうとする傾向をもつため、時に過剰なストレスによる負荷を受けることになります。断ればいい仕事であっても断れない。仕事を家に持ち帰り、家に帰っても仕事をする。そのため心身の疲労は解消されない。ところが、この種の人たちはストレス負荷のかかる仕事そのものが生き甲斐になっていることがあります。言い換えれば、過剰適応することで自己に無理を強いるが、それに気づいていないということになります。

事例のK先生は日本的なタイプAで、自分の気持ちを押し込めるタイプでもあったため、過度の精神的負担から行き詰まった状態に陥ったと考えることができます。持ち前の過剰な適応能力が十分に機能しなくなったときこそが、危険なのです。さいわい、K先生はスクールカウンセラーと先輩教師に相談することで、自分の理想を適切な水準に落ち着かせることができました。できていないことを、一気にやり遂げようとするのではなく、今できていることを少しずつでも上げていくという考え方に至りました。大波のような変化を求めるのではなく、さざ波のような変化を起こして、長い目で見ていくという姿勢が、教師のメンタルヘルスの面からも、子どもたちとの無理のない関わりにおいても、大切であるということを表している事例だと思います。

4 「すべてがうまくいくわけではない」という割り切りも大事

事例 先輩からのアドバイスで、発想を切り替えることが心を軽くする

L先生は三三歳、二校目の中学校で六年目を迎えた理科担当の女性教師です。勤務校には、低学力や家庭の貧困などの様々な問題を抱えた生徒が数多く在籍しています。転勤当初から四年間は、多くの先生たちが、そんな子どもたちのことを常に真剣に考えて向き合い、朝は六時から、夜は一〇時、一一時までノンストップで仕事をしていました。休日も、部活動の指導はもとより、地域行事、事務の残務処理などのために度々出勤するという状態でした。そんななかで、L先生も毎日忙しく過ごし、仕事も家事も十分にこなすことができずに、落ち込むこともありました。寝ても疲れがとれず、体力的には限界なのに、サプリメントを飲んで這うように出勤することもありました。

それでも何とか頑張れたのは、先生たちが皆、意見は異なっても「生徒と真剣に関わっていく」という姿勢を共有し、議論を重ねながら同じ方向を向いて、組織的に生徒指導を進めていたからです。生徒も徐々に落ち着いていき、L先生も自分の努力が「報われている」と感じ、忙しくても意欲を失うことはありませんでした。ところが、職員の異動に伴い、徐々に体制が

崩れていき、一年前から学校が荒れはじめました。

Ｌ先生は、二年生の担任になり、「せめて、自分のクラスだけは何とかしたい」という思いで頑張りました。しかし、一学期の連休明けから、生徒間暴力やいじめ、授業妨害などが表面化し、対応に追われる毎日になっていきました。他クラスも同じような状況であったので、何とか荒れをくい止めようと周囲に訴えましたが、個々に頑張るしかなく学年団の協力を得ることができませんでした。ほぼ一人で生徒の問題行動に対応しなければならず、どうすればよいのか悩むうちに、手詰まりになり、自分の無力さを感じるようになっていきました。

夏休みが近づいてきた頃に、自分のクラスの生徒が他学年の教師に一方的に暴力を振るうという事件が起きてしまいました。当然、学校全体の問題として取り組むものと思っていましたが、「生徒が悪い。担任は何を指導しているんだ」とばかりに、同じ学年の教師すら動こうとしません。Ｌ先生は、学年の教師に失望するとともに、自分が孤立無援であると一段と感じるようになり、徐々に生徒に親身に関わる意欲も失われていきました。努力しても状況が変わらないことへの焦りや落ち込みから、ぴりぴりした緊張感と息が詰まるような閉塞感に襲われました。まるで自分が出口のないトンネルのなかにいるようで、「こんな仕事、もう辞めたい」と思うようになっていきました。

Ｌ先生は真面目な性格で、何でも自分で完璧にこなそうとするところがあります。また、新しく赴任してきた先生たちとうまくコミュニケーションをとることができず、異動によって変化していく職場の雰囲気に自分を合わせていくことができませんでした。それでも、何とか持ち堪え、苦しい状況ながら夏休みを迎えて、少しだけ息をつくことができました。

ただ、毎朝、新聞の転職欄を見てしまう自分に気づき、現在の学校に赴任した当時に信頼していた先輩教師のところに相談に行きました。別の学校で管理職になっている先輩は、「仕事中心にならないように、家庭や趣味も大切に」「上手に息抜きの時間をつくる」「職場の人を上手に巻き込む」「自分も楽で、周囲も喜ぶ方法を考える」「信頼を得ようと思ったら、自分が先ず信頼する」というようなアドバイスをしてくれました。L先生は、その先生が他のことを犠牲にしてまで仕事中心でバリバリやっていたと思い込んでいましたが、「私は、実際そうしてきたよ」と言われ、少し発想を変えていこうと思うようになりました。

二学期になってから、L先生は何が何でも周りを動かそうというのではなく、「自分の考えや思いを少しでもわかってもらえれば、それでいい」と割り切って、自分から同僚に話しかけるようにしました。振り返ると、仕事をやり切ることに必要以上に気負いをもってしまい、同僚を「仕事をする人、できる人」「仕事をしない人、できない人」という二分法でとらえ、自分自身もその固定観念に縛られていたことに気づきました。そのため、自分自身や周りに目を配る余裕がなかったのではないか、と述懐しています。

他の教師と話をするなかで、いろいろな思いをもっているのは自分だけではないこともわかり、一人で悩まなくてもいいと徐々に考えられるようになっていきました。L先生自身の気持ちが楽になることで、ぴりぴりと神経を張り詰めた状態で仕事に向かうことも少なくなり、以前よりも周囲の理解や協力が得られやすくなったと感じるようになりました。今では、「すべてがうまくいくわけでもないし、成果はすぐに現れるものでもない」。思うようにことが進まないときには、「しゃーないわ」と問題から少し距離を置くことが、冷静になって事態をとらえ直す第一歩になる、と考えるようになってきました。

考察

教師としての自信を喪失し、「辞めたい」という思いに駆られがちな教師は、柔軟な思考が苦手で、子どもや保護者への関わりや同僚との人間関係のもち方が不器用な場合が少なくありません。したがって、日頃から次のような姿勢をもつことが大切です。

①自分の考え方や授業や生徒指導のやり方をモニタリング（点検）し、自分が置かれている状況を俯瞰したり、自分特有の認知パターンに気づく。
②周囲のサポートを進んで求め、自己開示や相談に開かれた姿勢をもつようにする。
③同じような悩みを抱えた同僚と、子どもや保護者への対応について相談し合う機会をもつ。

④学校外の研修会に参加したり、異業種の人との交流の機会をもつ。

しかし、①が苦手だからこそ、仕事がうまくいかなくて、落ち込んだり、自信を失ったりすることになるのです。そうなると、②③④のように進んで相談することにも、抵抗が湧き起こることが少なくありません。

事例のL先生のように、一人で悶々としていても埒が明かないときに、誰かに話すことで、気持ちや状況を整理できることがあります。自分の周りを見渡して、良い悪いの判断をしないで話を聴いてもらえる人、正論を振りかざさないで一緒に考えてくれる人を見つけることが大切です。雑談をしたり、愚痴を言ったりするだけでも、自分の思い込みを点検したり、認知の癖に気づいたりすることができます。自分も、「何かいいことを言わなくては」などと考えずに、人の話をひたすら聴くように心がけていると、気づきにつながる対話をするような機会が増えるかもしれません。

5 学び合う場をもつことで、新たな視点に気づく

事例 家族の支えと、研究会での他校の先生たちとのつながりが立ち直りのきっかけに

M先生は、一二年目に入った小学校教師です。二人目の子どもの育休明けに転勤になりまし

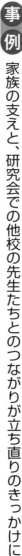

た。

一人目のときは、仕事・育児・家事と何とかやれていたし、仕事もおもしろかったので、復帰を楽しみにしていました。しかし、今回は新しい学校で、これまで経験したことのない高学年（五年生）の担任ということもあり、戸惑いを感じていました。学級には、友だちにも教師にも暴言を吐いたり、突然暴力を振るったりする児童がいて、対応に苦慮しました。いつ問題が生じるのか予測がつかないため、常に緊張状態に置かれていました。周りの児童を暴言や暴力から守ることに精一杯で、当該の児童に寄りそうような指導・支援をする余裕はもてませんでした。

同じ学年の先生たちは協力的でしたが、他学年の先生、特に交流学年（二年生）の先生のなかには、自分のクラスの児童を守ろうとする気持ちが強いためか、M先生の指導力不足をあからさまに批判する先生もいて、かなりのショックを受けました。自分が五年生のそのクラスに配置されたことを考えると、難しい児童をどう指導するのか試されているような感じをぬぐい去ることができませんでした。

また、家に帰ると、一人目のときとは違って、上の子どもがまとわりついてきます。やっと家事が一段落して、やり残した仕事をしようとパソコンに向かうと子どもも触りたがり、落ち着いて仕事をすることができません。学校でも、家でも、子どもを叱ってばかりいる自分に嫌気がさして、M先生は肉体的にも精神的にも、疲れ果ててしまいました。「もう、辞めてもいいかなあ」と、実家の母に伝えると、「協力するから、もうしばらく頑張ってみたら」と、子どもの面倒を見に来てくれるようになりました。「辞めたい」とまで思っていることを知った同じ教師の夫も、自分から率先して子どもの面倒を見てくれるようになりました。

その頃、別の学校に勤める先輩の先生から、民間の特別支援教育の研修会に誘われました。M先生はかねてから、児童の不安定さが生徒指導面だけでなく、特別支援教育に関連していると感じていました。また、休日で時間もとれたので、参加することにしました。

すると、子どもの行動の解釈や予測が難しいなかで、どう「子どもを理解する力」を身につけるかという研修が行われていました。M先生は特に、困難な状況でも解決志向（「なぜそうなったのだろう」という原因探索よりも「どうなったらいいのだろう」という目標志向を重視）で前向きに考え、難しい子どものなかにリソース（資源、解決能力）を探すという考え方に惹かれました。

話を聞いて、具体的な指導場面において「子どもや保護者を生かし、失敗を成功へと活かす」臨機応変で柔軟な対応力が自分には欠けていたのではないかと強く感じました。これまで子どもを叱っているばかりでしたが、その出来事はどうして起こったのか、そのときの子どもの気持ちはどうだったのか、自分はどうしてそうした行動をとろうとしたのか、というようなことを仲間と一緒に考える機会ももてました。一方的に叱っていた自分の気持ちや、叱られていた子どもの気持ちを振り返ることができ、生きづらさを抱えた子どもや自分自身を理解するきっかけともなりました。

M先生は、一人で学ぶだけではなかなか身につかず以前の思考に戻ってしまうのではないかと考え、その後も研修会に参加するとともに、先輩の教師やその研修会で知り合った波長の合う人に話を聞いてもらう機会を自らつくるようになりました。いろいろと相談していくなかで、他の先生や他の学校の取り組みを知ったり、自分の学校で当たり前のことがそうでないことに気づかされたり、少しずつ自分の思い込みを修正し、新しい視点をもつことができ、そのことが日々の教育活動の意欲にもつながっていくようになりました。

考察

教師がお互いに、学校のこと、児童・生徒のこと、保護者のこと、同僚のこと、自分のことなど、様々なことをフランクに語り合える場はあるのでしょうか。問題があっても、時間的にも空間的にも、また人間関係においても制約が多く、教師たちは日常的にはそれらの問題について語る場をもつことが難しい状況に置かれています。学校の内外に、そのような場があれば、教師が悩みを一人で抱え込んでバーンアウトすることを防いだり、「辞めたい」と思う気持ちを低減させたりすることにつながるのではないかと思われます。

生徒指導や教育相談を効果的に進めていくうえで、校内研修会や事例検討会を充実させることの重要性は言うまでもありません。学校が抱えている具体的な問題、例えば暴力行為で困っている状況があれば、事例として取り上げ、攻撃性や暴力の背景となる心理の理解や、問題の児童・生徒への関わり方について議論する機会を設けることが、問題解決につながっていくからです。必要に応じて、大学の研究者などを招聘することも有意義だと思われます。専門家とのネットワークは、校内での取り組みが行き詰まったときや、新しい試みへの示唆がほしいときには有力な助けとなります。

研修や事例検討を行うことは、それだけでなく、職場の同僚教師がお互いを理解し、意思の疎通を通じて友好感情を育てていくことを可能にします。したがって、形態は参加型であることが望まれます。教師が困ったことや悩み事を抱えたとき、一人で思い悩むのではなく、グループワークや集団での意見交換を行うことで、他の人たちとふれ合い、自分とは別の考え方に接することで、思い込みから解放されたり、力んで自分を見失っている状態から脱するきっかけにもなります。

この事例のように、時には、学校の外に出て、他の学校の先生とともに学び合うことも大切です。学校のなかで普段は言えないことを語り合ったり、よく知らない同士だからこそ愚痴をこぼしたりする機会にもなるからです。また、発想の転換という意味では、教師以外の業種の人と出会うような機会をもつことも有効だと思われます。自らの実践や経験を見直すには、異質な声に耳を傾けて相互の価値観の理解を深めるようなコミュニケーションが不可欠だからです。そうすることで、自分の実践のあり方やその前提にある認識の枠組みや価値（教育観や子ども観、生徒指導観など）を問い直し、実践に無意識に影響を及ぼしている側面を見つけ出し、省察を深めることが可能になります。そのことが、明日の実践への意欲を高めることにもつながっていくのではないでしょうか。

また、教師が外に出て学ぶ機会をもつには、特に子育ての渦中にあるような教師の場合は、家族の理解と協力が不可欠であることを付言しておきたいと思います。

6 取り組み方を変えることで、状況を好転させる

事例 一人で抱え込まず、問題を手放すことが大切

N先生は、中堅の普通高校で数学を教える男性教師です。現在の勤務校で八年目を迎えます。一年生当時より不登校気味で、学校に来ても早退することが多く、反抗的なところも見受けられ、他の教師に敬遠されている女子生徒を三年から担任することになりました。それまでの成

功経験もあり、熱心に接触していけば何とかなると甘く考えていたところがありました。

その生徒は、家庭内暴力などの問題もあり、両親に追いやられるように家を出て祖母と同居することになりました。担任することが決まった春休みの段階から、本人を何度か訪問するようになり、一方で、母親とも面談する機会をもちました。N先生は、両親の不仲、子どもへの愛情不足、世間体を気にする対応などを知るに至り、親子関係の調整を試みようとしました。カウンセリングの本を読んだり、研修会に参加したりしながら、その生徒と両親に会い続けました。しかし、むしろ状態は悪化し、生徒が家出して行方がわからなくなったり、時には自殺をほのめかしたりもするようになりました。

六月のはじめ、N先生は自分の手には負えないと判断し、専門機関の受診を勧めたところ、精神科での診断は「教師が対応できる領域の問題ではない」というものでした。ただし、「学校だけが心の拠り所になっているので、続けさせるように努力してほしい」との要望があり、学校もこれを受け入れました。しかし、本人と両親との関係はいっこうに好転しないまま、生徒のN先生への依存は高まりました。一方、母親からの面談の求めも強くなるばかりでした。昼夜を問わない生徒、母親双方からの相談の要求に、N先生自身がまいってしまいました。

それでも、N先生は、勤務時間外の家庭訪問や両親との調整役を引き受け、身を粉にして関わり続けました。しかし、そのような「熱心さ」がかえって生徒や両親の依存心を膨張させ、最後には、N先生自身を疲れ切らせるほどのものになってしまいました。N先生は、「どうして担任を引き受けてしまったのだろう」「自分は教師に向いていないのではないか、辞めたほうがいいのではないか」と思い詰めるようになっていきました。

N先生がそれでも何とかやっていけたのは、学年の教師集団全体が担任であるN先生を全面的にバックアップしたからです。ことに学年主任のベテランの先生が、家庭訪問をして帰りが遅くなったときや、精神的に落ち込んでいるときには、職員室で何くれとなく声をかけてくれたことが大きな支えとなりました。

また、精神科医からの「このまま関わりを続けていくと、あなた自身の生命にも関わってくるかもしれないから、教師としての枠を決めてつき合ったほうがよい」という忠告が大きな転機になりました。そのアドバイスを受けて、学校の方針として、N先生が生徒や両親と面談することを中断し、学年で役割分担して対応していくことが確認されました。N先生は自身も、医師からのアドバイスで、少しは肩の力を抜くことができました。

その生徒は、紆余曲折を経ながらも、何とか卒業していきました。N先生は、その頃を振り返り、「自分をサポートしてくれる存在がもしも身近にいなかったならば、一体どうなっていたのかと思う」と述懐しています。

考察

事例のN先生は、精神科医から、「教師の手に負える範囲を越えている」という診断が下されたことが、自分を「ほっとした気持ち」にさせてくれたことを否定できないと言っています。その裏には、難しい問題を抱えた子どもに関わり、手に負えない状況になったとき、その子どもの病理や障害が指摘されると、「問題は自分の教師としての指導力とは関係のないところにある」と安心する心理があるように思われます。子どもの問題をうまく解決できなければ、教師としての能力を問われ、また不熱心だとの烙印を押されかねないという無意識の不安を教師に抱かせるような雰囲気が、教育現場にはあると考えざるを得ません。

「熱心さの落とし穴」とでもいうべきものです。子どもや保護者の教師に対する期待は、教師が熱心であればあるほど際限のないものとなりがちです。そのことが教師にとっても子どもにとっても必ずしもいい結果を生むとは限らないところに難しさがあります。良かれと思ってしたことが逆に悪い結果を招いたり、悪循環に陥っていくことも少なくありません。教育は情熱だけではやれないということです。

特に、命に関わるような生徒指導上の複雑な課題に、個人の力だけで対処していくには限界があります。多面的な理解に基づくきめ細かな対応を進めていくには、学校における様々な役割を担った教職員の間で、十分な連携を図ることが不可欠です。複数の援助者がチームとして協働することで、指導・援助の密度を高めることができます。仮に結果がうまくいかなくても、後悔や個人の自責の念を少なくすることになります。

また、学校という狭い枠にとどまらずに、医療や福祉、司法とも連携した児童・生徒支援がこれからますます必要になると思われます。その点で、精神科医によるアドバイスに基づいて「N先生の負担を減らし、組織で対応する」という指導方針を立てたことが、生徒本人はもとより、N先生を救うことにつながったと思われます。

N先生の熱心な関わりには頭が下がります。しかし、キーパーソンになる先生が頑張りすぎてオーバーワークにならないように、支援の方法を、生徒指導部会などに外部の専門家を加えたチームで相談することが望まれます。この事例の場合、キーパーソンであるN先生の意向を尊重しながらも、一定の枠を決めて関わることが必要だったと思われます。教師は自分の限界を知りつつ、できるところで精一杯子どもに関わっていくことが大切です。そうでないと、献身的とも言える熱心な努力が報われずに、徒労感だけが蓄積されます。そして、教師は身も心も疲弊させ、教師としての存在意義や自信を見失っていくことになってしまいます。

この事例のように、自殺をほのめかしたり、家出をするなど、重い心の悩みを抱えた子どもに親身に関わっていると、しがみつくように依存してくることも少なくありません。そのような行動に振り回されないためには、勤務時間以外の関わりをどうするか、携帯電話のアドレスを聞いてきたらどうするかなど、教師自身が継続して関わることができるようにするための枠を設けることが大切です。はじめは昼夜分かたず関わっていたが、疲れてしまって急にその子どもとの関係を切ってしまうといったことにならないように気をつける必要があります。子どもは手のひらを返されたように感じ、それまでの人間不信を増幅することにもなりかねないからです。

困難な問題に直面したとき、教師が問題の渦に入ることを避け、子どもに全く揺らされることがなければ、問題解決へ向かうことは難しいと思われます。しかし同時に、教師が自分の行動の意味や子どもとの距離感を冷静にモニタリングしていくことも、継続的な信頼関係を築くうえで、また、教師自身のメンタルヘルスを保つうえでも、極めて大切なことだと考えます。

7 「移る」「休む」「辞める」という選択肢もある

事例 一度離れたことで見えてきた、教師として生きていく道

O先生は四七歳、現在の定時制高校で七年目を迎える、社会科担当の男性ベテラン教師です。一年から四年まで持ち上がりで担任した後、生徒指導主事を務めてきました。もともと不登校

や非行傾向の生徒が多く、その指導に悩み、できれば生徒指導主事を辞めたいと思っていました。しかし、五〇代のベテランの先生と二〇代の若手の先生に挟まれた中堅として、弱音を吐くことができませんでした。

生徒指導主事として三年目を迎えたとき、同じ全日制高校を中退した四人の生徒が編入してきました。一学期早々から、授業妨害やエスケープ、廊下では携帯電話の音楽を鳴らしながら歩く、他の生徒へ暴力を振るう、教師に対しても暴言を吐き威嚇する、などの問題行動を繰り返しました。O先生はその対応に追われ、帰宅するのが深夜にまで及ぶ日が続き、疲れ果てていきました。しかし、何より疲れたのは生徒の行動の「訳のわからなさ」でした。指導場面で平気で煙草を取り出す、登校謹慎中に無断で遅刻したことを注意すると逆ギレして悪態をつくというような、O先生のこれまでの「理解の枠組み」でとらえきれない行動に直面したとき、何とも言えぬ無意味感と無力感に襲われました。

それでも、「ともかく辞めさせないように」という思いが強く、無理を押して頑張っていました。O先生は何かあると、他者を責めるよりも自責の念に襲われることが多い性格です。人間関係についても、自分でも「八方美人」的なところがあると言うように、周りに合わせて、自分の気持ちを抑えてしまいがちなところがあります。「自分がやらねば誰がやる」という自負心から、逃げずに生徒指導の難しい仕事に取り組んでいきました。また、そうすることに、ある種の充足感も感じていました。

しかし、六月に入った頃から、不眠・イライラ・食欲不振を皮切りに、強い倦怠感を感じたり、口唇にアレルギーが出たりして、時折欠勤せざるを得なくなりました。夜、床についても不安が頭から離れなくなり明け方まで眠れずにいたり、朝起きても、また学校に行けば同じことが繰り返されると思うと、学校に足が向かなくなる日が増えていきました。

O先生は、自分が心の危機に陥るとは思っていなかったので、なかなか心身の不調の状態を受け入れることができませんでした。しかし、食事をしても全くおいしく感じなくなり、喉に異物感を感じるようにもなり、このままではどうにかなってしまうのではないかという思いから、心療内科を受診しました。医師からはストレス性疾患だと言われ、「あまり無理をせず、休みもしっかり取るように」と忠告されました。仕事を休むことには罪悪感もあり、踏み出すにはだいぶ悩みましたが、診断書も出て、「このまま続けたら悪化するだけだ」とも言われたので、思い切って一か月の療養休暇を取ることにしました。

O先生は、休みに入ってからも、最初の頃は、「生徒や同僚に申し訳ない」「休んでいる間、どう過ごしたらよいのかわからない」「周りに、休んでいることを知られたくない」と思って、心が安まる状態ではありませんでした。しかし、ある日、出勤するような振りをして家を出たついでに、少し足を伸ばして海まで行ってみました。そこで、ボーッとしていると、あらためて自然の美しさ、豊かさにふれ、弱っていた活力に生命を吹き込まれたような思いを味わいました。

それから、服薬をして十分に睡眠をとり、食事も食べたいときに食べたいものを摂るようにしました。散歩をしたり、花を育てたり、美術館や図書館、時には温泉などへもできる範囲で出かけ、心に栄養が取り戻せるようにしていきました。ごく当たり前のことをやり直し、ストレスのきつい場所から離れることで、追いつめられた状態は徐々に緩和されていきました。

O先生は、三か月の療養の後、無事職場に復帰することができました。復帰してからは、不登校や発達障害など、生きづらさを抱えた生徒の気持ちが痛いほどわかるようになりました。生徒に対して、当たり前であることの大切さと難しさを伝えるとともに、「無理をせず、ゆっくり行こう」と「待ちの姿勢」で向き合える教師として、残りの教職生活を送っていこうと考えています。

考察

事例のO先生は、困難な状況が重なり様々な心身症状が出たことに関して、「身体に症状が出て心療内科を受診したことで、精神的なまいり方が少なかったのかもしれない」とプラス思考でとらえています。教師は、「休めないからと言って、かなり我慢してから受診に至る傾向がある」という指摘があります[6]。危機に気づいたら、早い段階での専門家への相談や受診が望まれます。その際、特に気をつけなければならないことは、心身の不調が医療レベルの支援が必要なものかどうかを把握することです。この点を見誤ると「辞めたい」だけでは済まなくなることもあります。例えば「うつ」が疑われる場合などには、早い段階で医療機関を受診する必要があると思われます。

仕事を休む、辞めるということは、世間的には相当のプレッシャーを感じるものです。特に、教師は真面目で責任感が強い人が多く、困難なことがあってもすぐに教師を辞めようと考える人は少ないと思われます。しかし、「辞められない」と思うことも、心の負担を増す一つの要因となります。家族や信頼できる友人から「どうしても苦しいのなら、辞めたらいい」と言われたひと言が、気持ちを楽にして仕事を継続させたり、エネルギーを補給するために休暇を取ったりするきっかけになることは少なくありません。

「最悪辞めてもいい」と開き直る段階にまで至ったら、一度長期の休暇を取り、職務から離れてみることも選択肢の一つであるように思われます。O先生は、療養休暇に入ったことは、「これまで脇へ置いていた自分自身と向き合う貴重な機会になった」と言っています。カウンセリングを受けたり、じっくり本を読んだりすることで、教師としての自分を見つめ直す時間をもつことができました。そのことが、復帰後の生徒に対する柔軟な視点を身につけることにもつながったと思われます。また、仮に教師とは別の職に就くという方向になったとしても、時間をかけて自らに問うたうえでの納得のいく選択と考えることができます。
「教師を辞めたい」から抜け出ることができるならば、それが一番です。しかし、人生は仕事がすべてではありません。仕事がうまくいかないことから精神疾患に陥るケースが少なくないことを考えると、「辞める」という決断が、その人の人生にとって賢明な選択になることもあるのではないでしょうか。

（本章で取り上げた事例の内容は、個人のプライバシー保護の観点から、修正を加えたり、複数の事例を合成し、作成したものです）

引用・参考文献

(1) 川瀬隆千「教師バーンアウトの要因と予防」(『宮崎公立大学人文学部紀要、20』pp.223―232、二〇一三)
(2) Caplan, G.(1961)An Approach to Community Mental Health. Tavistock(加藤正明監修 山本和郎訳『地域精神衛生の理論と実際』医学書院、一九六八)
(3) 榎本龍也「初任者教員の力量形成についての研究」(『和歌山県教育センター 学びの丘:平成二四年度研究紀要』pp.23―33、二〇一三)
(4) 橋本宰・石原俊一「心理学の立場からみたタイプA」(桃生寛和・早野順一郎・保坂隆・木村一博編『タイプA行動パターン』星和書店、一九九三)
(5) 保坂隆『「A型行動人間」が危ない イライラ、セカセカが心臓病をおこす』日本放送出版協会、一九九〇
(6) 井上麻紀『教師の心が折れるとき』大月書店、二〇一五
・新井肇・和井田節子「燃えつきる前に何ができるのか」(春日井敏之・伊藤美奈子編『よくわかる教育相談』pp.108―109、ミネルヴァ書房、二〇一一)
・和井田節子『教育相談係 どう動きどう楽しむか』ほんの森出版、二〇〇五

第4章 「辞めたい」と思う状況になる前に
―日頃の教師生活から気をつけておきたいポイント―

❶ 自分主体で仕事ができる職場環境づくり

教師にとって、単なる多忙は、仕事上の人間関係に起因する危機に比べれば深刻ではないことが、第一章で紹介した調査結果から示されています。裏返せば、意味があると感じられる多忙であれば、ある程度持ち堪えられるということです。では、「辞めたい」と思うほどの多忙とは、どのようなものなのでしょうか。

一つは、児童・生徒および保護者との人間関係に起因するものです。自分の都合を優先したり、マイペースを保つことが困難な場合が多く、大きな精神的負担を強いられることになります。仕事を家に持ち返ったり、気になる子どものことが頭から離れなくなったり、また、突然保護者から相談や苦情の電話がかかってきたりして、素の自分に返ってほっとする時間がもてなくなってしまうようなこともあります。仮に労働の過重な負担や多忙があったとしても、それを軽減したり解消したりする権限が自らにあれば何とかしのぐこともできますが、他者に決定権が委ねられているときには、仕事の切迫感からストレスが蓄積され、消耗感を抱きやすくなると考えられます。その点で、仕事に自律性があるかないかは、同じような多忙な状況に置かれても、それをストレスと感じる度合いに違いが生じることになります。自分の仕事にどれだけ裁量権があるか、自律性があるかが、多忙が「辞めたい気持ち」につながるか否かを左右するのではないでしょうか。

次に、役割の曖昧性があげられます。人と関わる仕事の場合、相手からの期待（何をしてほしいか、してほしくないか）を受けとめ、それに応えることが求められます。その期待を取り入れることで、役割が形成され、期待された役割に沿いながら、判断し行動することになります。しかし、期待されていることがわからなかったり、期待が大きすぎてその期待を十分果たすことができなかったりする場合には、ストレスが増大します。目標も方向性も見えない無定量無際限な仕事状況は、人をいたずらに疲れさせ、強い無意味感を抱かせます。さらに、そのような働きかけに対する報酬（内面的であっても、目に見える形であっても）が、関わる相手からは得られず、周囲からも頑張っていることを認められないときには、徒労感が募り、「辞めたい気持ち」へとつながっていきます。

学校の職場環境を取り巻く今日的な課題として、①過重労働、②裁量権の欠如、③役割の不明瞭性、④不十分な報酬、⑤価値観のズレ、といったことがあげられます。この五つの課題を、①持続可能な仕事量、②選択権と裁量権の拡大、③公正・敬意・正義に基づく役割分担、④十分な評価と報酬、⑤価値観の共有、へと転換させることができれば、多忙の解消をめざすことはもちろんですが、仮に多忙な現実があっても、教師が意欲と活力をもって仕事に取り組むことができるのではないでしょうか[1]。

そのためには、「価値観を明確にする」ことが出発点となると思われます。価値観の存在によってはじめて、私たちの仕事に意味や方向性が与えられるからです。働くことの意味が見えなくなり、努力が報われずに徒労感に襲われたとき、多忙な状況に押しつぶされて、「辞めたい気持ち」に陥ります。そうならないためには、学校が、組織として何を重要と考え、何をめざしているのかという価値観を明確にし、共有する必要があります。学校組織を構成する教師一人ひとりが、自分自身の教育に関する価値観を表明し、組織内での価値観の対立を乗り越えるための議論の場をもつことが前提となります。お互いが無傷ではいられず、一時的には困難と苦痛を伴うことが予想されます。しかし、そうすることなしには、意味づけのできない多忙を職場から一掃していくことは難しいのではないでしょうか。学校の組織としての問題点を洗い直し、ミッション（使命）に対する一定のコンセンサス（合意）を得ることで、他の四つの課題、「仕事量」「裁量権」「公正」「報酬」にメスを入れることも可能になると思われます。

❷「悪い状況」を想定しておくことの大切さ

教師の仕事は、人を相手にするものですから、満足できる反応が相手から返ってきたり、正当な評価が得られれば、やり甲斐も充実感も得られます。しかし、予期せぬ反応が返ってきたり、いくらやっても周りからの評価が得られないときには、仕事に寄せる期待が大きければ大きいほど幻滅感が高まり、失望感や絶望感にとらわれていくことになります。

高校教師であった頃、「できるだけ早い段階でのアイデンティティの確立が、現在そして将来の充実につながる」という考えに基づくキャリア形成を生徒たちに求めてきたような気がします。しかし、そのようななかで、一人の教え子を二〇代半ばに失ってしまいました。誰からも慕われる好青年で、将来の職業についての明確な意志をもち、目標から逆算して夢を実現していくというタイプでした。内的な価値意識と外的な職業もベストマッチしているように思われましたが、教師となってわずか三年目にして自ら命を絶ってしまいました。

教師は比較的職業意識が明確で早期に職業決定した人が多いと言われます(2)。あまりにもすんなりと職業アイデンティティが形成された場合に、転機や危機の訪れによって、それまで自分でも気づいていなかった精神的な脆弱さに直面してしまうことがあるように思われます。その脆さを受け入れることができないまま、不安や焦りから自分を見失ってしまうことにもなりかねません。教師という仕事に限ったことではありませんが、キャリアを考えるうえで、「転機」や「危機」といった、ある意味で負の事柄も視野におさめて、その対処方法を学んでおくことの必要性を強く感じています。

米国のキャリア研究者のクランボルツとレヴィン（Krumboltz & Levin）が、「計画された偶発性理論（Planned Happenstance Approach）」のなかで、キャリアの八〇%は予期しない偶然の出来事によって支配されていると指摘しています(3)。そうであるならば、将来の目標を明確に決めて、そこから逆算して計画的にキャリアをつくり込んでいくような方法がベストであるという考え方は、現実的でないのかもしれません。変化の絶えることのない現代においては、むしろ優柔不断で「未決定」（オープンマインドな状態）であることが、想定外の危機を柔軟に受け止めることを可能にすると考えることもできます。最悪の状態になっても、「転んでもただでは起きない」「むしろ、自分にとって意味のある事態ではないのか」と視点を変え、へこたれず、あきらめず、しなやかに対処していく力（レジリエンス）を身につけることが、これからの教師には必要であるように思われます。

❸ バーンアウトの危険度を知っておく

これまで見てきたように、「教師を辞めよう」と思うに至る背景として、バーンアウト（燃え尽き症候群）に陥っているケースは少なくありません。バーンアウトしないために、個人としてできる最善のことは、必要以上に自分を追いつめないことです。表2の項目をチェックして、当てはまる項目が多い場合には、メンタルヘルスに気をつける必要があります。

①他人の責任まで引き受けていないか
②一人で抱え込んでいないか
③自分を犠牲にしていないか
④限界を知っているか
⑤「べき論」に縛られていないか
⑥周囲の評価で価値を決めていないか
⑦「いい人」でいなくてはと思っていないか
⑧自分を許しているか
⑨支え合う仲間をもっているか
⑩気持ちをはき出す場があるか
⑪楽しむことができるか
⑫手を抜くことができるか
⑬断ることができるか
⑭話し合うことができるか
⑮降参することができるか
⑯手放すことができるか

表2　バーンアウトの危険度チェックリスト（(4)を参考に新井作成）

米国の教師バーンアウト研究者のゴールドとロス（Gold & Roth）は、人間関係や職場環境への適応は、その人の「期待」に左右されるところが大きいので、期待を適正かつ現実的にすることが、ストレスを最小化することにつながると指摘しています[5]。「現実的に」というのは、妥協して要求水準を引き下げるという意味ではなく、積極的な意欲に根ざし、合理的に状況を認識するということです。バーンアウトを防ぐためには、仕事上のストレスを最小化し、自尊感情を最大限に高めることが重要です。そのためには、次のような認知的態度が求められます。

①人生におけるすべてのことをコントロールできるわけではない。
②変えられるのは自分だけで、他人を変えることはできない。
③すべての人の期待に応えることができると望むべきではない。
④常に愛されたり、認められたりする必要はない。
⑤常に正しくなければならない訳でなく、時には間違いも犯すが、それに対処することもできる。

教師自身が固定的な枠組みにとらわれずに、前記のようなしなやかな認知をもつには、時には学校という場を離れ、教師以外の職業の人たちとも交流し、趣味や遊びを通じてゆとりをもって人生を楽しむことも必要であると思われます。教師自身が仕事も含めて物事を楽しむことができるならば、子どもたちの心も軽やかになるのではないでしょうか。

❹ 教師を孤立させない職場環境づくり

しかし、教師をバーンアウトから守るには、個人が行うコーピングだけでは限界があります。誰かが困った問題を抱えたときに、孤立させずに職場全体で支えることが大切です。

バーンアウトは仕事場面での対人ストレスの蓄積によるものです。したがって、その予防・軽減のためには、職場の現実的な人間関係を基盤に、課題解決に向けての日常的な対話を活性化することが求められます。そのための方法の一つに、「インシデント・プロセス法」という事例研究法があります。

インシデント・プロセス法の特徴は、具体的な事例を通して、参加者全員が体験学習の形で、個人のみならず小集団で事例研究を行うところにあります。協働と濃密なコミュニケーションが必然的に求められ、参加者全員が対等な立場で多様な議論を展開し、統一的な問題解決策を見出していきます。こうした活動から得られる達成感は、自己効力感の昂揚とともに同僚間の相互理解、信頼感、連帯感の形成に大きな力を与えると考えられます。困ったことや悩み事があるとき、他の人たちと話し合うことではじめて、それまでの思い込みから解放されて気持ちが楽になったり、力んで自分を見失っている状況から脱出することが可能になるのではないでしょうか。

かつての学校現場は、今よりも、共同体的性格が強く、時間的なゆとりもあったように思います。ストーブを囲む炉辺談話、職員室のお茶の時間、帰りがけのちょっと一杯というインフォーマルな要素とフォーマルな要素が溶け合ったつながりがありました。しかし、一つ問題を解決すればまた次の新しい問題が出てくるというように現実対応に追われ、雑談する時間すら容易にもてない現在の学校現場にあっては、意図的に自分たちを支え合う体制をつくりあげていくことが必要だと思われます。問題を抱えて不安そうにしている同僚がいたら、一人にしておかないでさりげなく声をかけ、そっと話を聴き、状況によっては一緒に対応する。そんな関係が職員室のなかにあれば、お互いに気持ちが楽になり、困難な仕事にも向かっていくことができるようになるのではないかと考えています。

❺ 職場を「しんどさを共有できる居場所」にする

厳しい状況のなかでも、多くの教師は、仕事量や仕事にかける時間を適度にコントロールしながら、多忙な毎日を乗り切っています。それにもかかわらず、「辞めたい」と思ってしまうということは、熱心さの余り、行きすぎた疲労に陥っていると考えることができます。自分の手に終えない状況を、一度離れた視点から見ることも必要なのではないでしょうか。自分が縛られている固定的なものの見方を点検し、視点を少しずらすことによって周りが見えるようになったり、気持ちが楽になったりすることも少なくありません。熱心さは大事なことですが、にっちもさっちも行かなくなる前に、自分が置かれている状況と自分の力の限界を知って、無理をしないことが大切です。

また、「援助関係に対する抵抗感が低い教師ほどバーンアウトしにくい」という指摘もあります[6]。職場における教師同士の信頼関係を築き、援助を受けることに伴う抵抗感を弱めて、「援助志向性」を高めることが、「辞めたい」と思う状況になる前に考えておくべきことだと思われます。

個々の教師が周囲のサポートを進んで求め、自己開示や相談に開かれた姿勢をもつ。そのためには、自己評価が低く、人間関係に不安や恐れを抱いている教師が、勇気づけられ、「私はやれる」という自己有能感が高まる機会をもつことが必要です。そのような温かい雰囲気を職場にもたらすことができるかどうかが、「辞めたい」と「辞めない」の分岐点であるように思われます。具体的には、落ち込んだり、自信を失ったりしがちな教師を、管理職をはじめ周囲の教師が、先ず何よりも「ねぎらう」ことです。その人の日々の仕事ぶりを認め、自然な「ほめ言葉」をかけるなどして、大変さを本当に理解していることを態度や言葉で示します。適切な「ねぎらい」は関係を強め、相手を元気づける効果をもっています。

管理職も、同僚教師も、お互いがお互いを尊重し合うこと、また、どんなに問題を抱えた教師でも、好ましい変化のためのリソース（潜在的な力）をもっていると信じることが大切です。そうすることで、自信を失った教師と周りの教師との間に信頼関係が生まれ、自信回復への後押しをすることが可能になります。安心感があってこそ、自信回復への意欲が生まれてきます。その点で、職場にお互いを思いやり、助け合う雰囲気をつくることは、管理職の重要な役割と言えるのではないでしょうか。

日常ちょっと愚痴をこぼしたり、具合が悪いときには遠慮せず休めたり、精神的に消耗している感じがするからと周りがカウンセリングを勧めたり、また自分からも相談することができる。そうした同僚性に基づく職員室の人間関係を築くことが、「辞めたい」と思う状況になる前に、日頃から何よりも気をつけておきたいことだと思われます。

引用・参考文献

(1) 新井　肇「多忙のなかで燃え尽きないために」（月刊『学校教育相談』第二八巻第三号 pp.38—41　ほんの森出版、二〇一四）

(2) 岸田元美「職業としての教師」（前田嘉明、岸田元美監修『教師の心理(1)　教師の意識と行動』（有斐閣、一九八六）

(3) Krumboltz J. D., Levin Al. S.（2004）Luck Is No Accident.（花田光世・大木紀子・宮地夕紀子訳『その幸運は偶然ではないんです！　夢の仕事をつかむ心の練習問題』ダイヤモンド社、二〇〇五）

(4) 水澤都加佐＋Be！編集部『「もえつき」の処方箋　本当は助けてほしいあなたへ』（アスク・ヒューマン・ケア、二〇〇一）

(5) Gold Y., Roth R. A.（1993）Teachers Managing Stress and Preventing Burnout. The Professional Health Solution. The Falmer Press

(6) 田村修一・石隈利紀「指導・援助サービス上の悩みにおける中学校教師の被援助志向性に関する研究—バーンアウトとの関連に焦点をあてて—」（『教育心理学研究四九』pp.438—448、二〇〇一）

・新井　肇「インシデント・プロセス法の教師バーンアウト予防効果に関する研究」（『生徒指導研究第一七号』　pp.26―38　兵庫教育大学生徒指導研究会、二〇〇五）

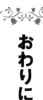

おわりに

「バーンアウト」（燃え尽き）という概念を手がかりに、教師のメンタルヘルスに関する研究をはじめて、およそ二〇年が経過しました。高校教師時代の教え子が、教師となって三年目にうつ病を発症し自死に至るという出来事に巡り会ったのが、研究を始めるきっかけでした。一九九七年から二年間、兵庫教育大学大学院に内地留学し、その研究成果を『「教師」崩壊　バーンアウト症候群克服のために』（すずさわ書店、一九九九）にまとめました。その後、一〇年前に高校から大学に移り、生徒指導を中心に据えながら、教師のメンタルヘルスの問題について取り組んできました。

しかし、教師の置かれている状況は、二〇年前に比べて一層厳しいものになり、深刻さを増しています。学校現場で、また、研究の場で、「自分は一体何をしてきたのか」と、己の無力さに忸怩たる思いを抱かざるを得ません。ただ、燃え尽きて「教師を辞めたい」と思う前に、職場の人間関係を土台に、情緒的な支えだけにとどまらない実質的な支援をお互いに行うことが何よりも大事であると考えてきました。そのために「協働的生徒指導体制の構築」という課題を研究テーマとし、荒れた中学校や高校にも足を運び、現場の先生たちとともに、生徒指導の理論と実践とを結びつけることをめざしてきました。

そのなかで、学校や教育の危機を語るとき、あまりに子どもの視点からのアプローチ（最も大切なことは勿論ですが）ばかりが強調されすぎてきたように感じています。教師の側から、自分たちの職場としての学校の改革をめざす視点に立った方策が、もっと積極的に探求されてもよいのではないでしょうか。例えば、「少人数学級の実現を」と主張するときに、「すべての子どもにいきとどいた教育を」という視点だけでなく、「教師が余裕をもって生き生きと仕事ができる環境を」という視点からの議論を行うべきではないかということです。改善の方向に「教師が楽になる」ことにつながるところがあると少しでも感じられると、「子どものため」ではなく、「教師自身のため」の改善と思われ、批判されるのではないかと懸念し、教師自らがトーンダウンしてしまうことがよくあります。

「楽（らく）」と「楽しい」の意味合いは少し違います。教師が「学校で仕事をすることが楽しくない」と感じていたら、おそらく子どもにとっても、学校は楽しい場ではなくなってしまいます。教師にとっての仕事の場である学校を、教師自身が意欲をもって生き生きと働ける場にするにはどうしたらよいのかと問うことこそが、教育危機の一つの突破口になるのではないかと考えています。教師の離職という、謂わば教育の「負の部分」についての議論を掘り下げていくことによって、逆説的に、教育の未来を拓くための目標や課題が見えてきたように思っています。

＊

本書を上梓することで、教師の離職をめぐる問題について、現時点で考えていることを何とか整理することができました。それは、ひとえに編集を担当された明治図書の松川直樹さんのお骨折りの賜物です。私の論文調の生硬な構成や文体を、一般向けの書物にふさわしい体裁に整えてくれたばかりでなく、企画の段階から、緻密な計画性と柔軟な発想力で支えていただいたことに、心より感謝申し上げます。

執筆に際しては、兵庫教育大学大学院修士課程及び専門職学位課程の講義における現職教員の方々との意見交換、連合大学院博士課程の「教職員のメンタルヘルス」に関する演習での院生（小野間正巳、馬場訓子、林牧子、佐々木聡の諸氏）との議論から多くの刺激を受けました。また、大阪市立大学創造都市研究科教授の弘田洋二先生、博士課程の岡アユ美さんとの協議からも多くの示唆を得ることができました。ここに、深く謝意を表します。

他にも、感謝を捧げるべき、お世話になった多くの人たちがいます。二〇〇七年から神戸で月に一回開催している『学校の人間関係研究会』のスタッフ（大学の同僚でもある松本剛先生、隈元みちる先生、甲南女子大学の崎長幸恵先生）、及び会に参加してくださった先生方。そして何よりも、貴重な体験を語っていただいた日本各地の先生方との出会いは、私自身にとって大変有意義なものであり、研究者としての責任を強く感じるとともに、大きな励みともなりました。心より感謝申し上げます。

最後に、これまで私を支えてくれた数多くの同僚、先輩、恩師や友人、高校・大学・大学院での教え子たち、そして長年にわたってわがままを通してくれた家族の存在がなかったら、このような本を世に送り出すことはできなかったと思っています。心からの感謝の気持ちを込めて、ありがとうの言葉を贈ります。

二〇一六年七月

新井　肇

【著者紹介】

新井　肇（あらい　はじめ）

1951年生まれ。兵庫教育大学大学院教授。京都大学文学部哲学科社会学専攻卒業後，1976年より埼玉県公立高等学校教諭。その間，長期派遣研修にて兵庫教育大学大学院生徒指導コースで学ぶ。2006年より現職。カウンセリング心理学を基盤とした生徒指導実践の理論化，学校内外の連携による協働的生徒指導体制の構築，教師のストレスとメンタルサポートに関する研究を中心テーマとする。著書に『「教師」崩壊　バーンアウト症候群克服のために』（すずさわ書店），『現場で役立つ生徒指導実践プログラム』（学事出版）。共著に『青少年のための自殺予防マニュアル』（金剛出版），『現代生徒指導論』（学事出版）等。

「教師を辞めようかな」と思ったら読む本

2016年10月初版第１刷刊　©著　者　新　井　肇

発行者　藤　原　光　政

発行所　明治図書出版株式会社

http://www.meijitosho.co.jp

（企画）松川直樹（校正）井草正孝・関沼幸枝

〒114-0023　東京都北区滝野川7-46-1

振替00160-5-151318　電話03(5907)6704

ご注文窓口　電話03(5907)6668

＊検印省略　組版所　株式会社カシヨ

Printed in Japan　ISBN978-4-18-180814-3